短视频营销
引爆法则

——抖音、微视、快手运营一本通

熊猫鲸 __ 著

中国華僑出版社

·北京·

图书在版编目 (CIP) 数据

短视频营销引爆法则：抖音、微视、快手运营一本通 / 熊猫鲸著 . -- 北京：中国华侨出版社 , 2021.5（2024.6 重印）

ISBN 978-7-5113-8452-2

Ⅰ . ①短… Ⅱ .①熊… Ⅲ .①网络营销 Ⅳ . ① F713.365.2

中国版本图书馆 CIP 数据核字（2020）第 231338 号

短视频营销引爆法则：抖音、微视、快手运营一本通

著　　者：熊猫鲸

责任编辑：高文喆

封面设计：冬　凡

美术编辑：李丝雨

经　　销：新华书店

开　　本：880mm×1230mm　1/32 开　印张：6.75　字数：126 千字

印　　刷：三河市华成印务有限公司

版　　次：2021 年 5 月第 1 版

印　　次：2024 年 6 月第 3 次印刷

书　　号：ISBN 978-7-5113-8452-2

定　　价：38.00 元

中国华侨出版社　北京市朝阳区西坝河东里 77 号楼底商 5 号　邮编：100028

发 行 部：（010）88893001　　传　真：（010）62707370

如果发现印装质量问题，影响阅读，请与印刷厂联系调换。

前 言

继微博、微信之后，短视频已成为新的流行趋势。"短而精致，简而生动，小而美好"的短视频营销，已经成为不少品牌的营销利器。

这是因为，人们的生活工作节奏越来越快，很多人没有足够的时间去阅读完一本书、看完一期综艺、欣赏一部电影，而将一个作品分为几个时间片段进行观看，又会降低效率，浪费不必要的时间。短视频的诞生，则可以帮助用户解决这一麻烦，在碎片化的时间里满足其需求。

抖音、快手等 App 在短时间里迅速成为许多人手机中的热门应用，用户数量及活跃度猛增，也造就了一批"网红"。所谓网红，就是"网络红人"的简称，是指在现实或者网络生活中因某个事件或者某个行为被网民关注,从而走红的人或长期持续输出某种专业知识而走红的人。

短视频是随着新媒体行业的不断发展应运而生的。短视频与传统的视频不同,由于其时长较短、入门简单等特性,深受许多创业者的青睐。短视频创业的关键点在于其内容的打造,高质量的内容可以使得短视频快速在用户之间传播,从而达到良好的运营效果。

抖音、快手等短视频平台已成为一种拥有巨大流量的平台,各大品牌都想在其中分一杯羹。

短视频行业发展迅猛,成为几亿人的信息关注、分享和传播的江湖。在这样的时代环境下,媒体人、营销人和企业等也在关注短视频的巨大潜力,无论是碎片化信息的有效传达,还是与用户之间的深度互动,短视频都有着独到优势。

既然短视频对企业营销来说如此重要,那么,针对这种有效的引流和营销工具,运营者到底应该如何做呢?相信大家现在会产生一系列疑问。

短视频如何拍才能吸引用户注意？

短视频如何编辑才能让其更好地呈现内容？

短视频如何运营才能获取更多流量？

短视频如何实现快速营销和变现？

本书是从众多的短视频运营经验中，提炼出实用的、有价值的技巧，帮助读者了解如何进行短视频运营，以便早日熟练掌握运营和营销技巧，塑造和提升品牌形象，获取利润。本书依托目前主流的短视频平台，通过不同领域的大量具有代表性的案例，介绍了短视频的内容定位、拍摄技巧、后期剪辑、内容分发、数据驱动、粉丝运营、规模化变现、品牌营销等知识，用通俗易懂的文字和图片加以阐释，希望可以为读者带去一些新的思路和启示。

2020 年 11 月

目 录

4

第 10 章　短视频霸屏的内功

01

泛娱乐，

短视频营销的
"胜负手"

俗话说："一分短，一分险；一分长，一分强。"短视频的唯一缺点就是制作起来比较困难，需要更多策划和更多剪辑，这其实算不上什么真正的缺点，而更加像一种挑战。

2020年，国内短视频行业的总日活用户数，已经突破10亿人。"南抖音，北快手"的格局已经初步形成。京东、腾讯、阿里等也纷纷入局，或投资或收购，开始布局短视频行业。短视频，是真的火了。

短视频营销的崛起，是因为有其独到的优势。

短视频的受众面极广，人人都能看懂短视频。在微博、微信为主要媒介的时代，客观要求创作者善于写文章，那么在短视频时代，它的门槛和游戏规则已经变了。

短视频被疯狂点赞的关键

观众之所以看你的短视频，其实是一种含蓄的交易：我把我的时间给了你，而你应该给我一次难忘的体验。这种交易就叫娱乐。

正如微博是在博客的基础上演化出来，短视频是在长视频的不断发展过程中衍生出来的。虽然短视频与长视频之间存在着许多的共同点，但短视频随着不断发展逐渐形成了自身的特性。

这些特性使短视频的传播效果比传统的长视频要好，可以在单位时间内取得更好的效果，带来更大的收益。

很长一段时间以来，广告都带动了娱乐产业的发展。实际上，品牌可以使视频内容变得更加完美，如果运用得当的话，也会使观众感觉更加快乐。当你能将美妙的体验整合进品牌，而不是硬性的广告时，广告就能为观众带来一种全新的体验。

1. 把用户转化为客户

韩国美妆达人 Pony 也是靠着短视频走红的。她最初因为自身爱好的驱动，尝试着在 YouTube 和 Instagram 上发布自己的化妆视频，逐渐集聚了难以想象的超高人气。

由于高超的化妆技巧，她深受广大粉丝的喜爱。并且她还在一直不断地进步与创新，于是始终保持着用户的关注热度，从而起到良好的营销效果。

Pony 一跃成为知名的美妆网红和亚洲各大时尚类畅销榜的长期领跑者，人气堪比一线韩流明星。Pony 也顺势创立了个人彩妆品牌——Pony Effect，顺利赢得了大量订单。

短视频是先有"流量"，再有"粉丝"。所以视频内容的吸引力非常重要。通常，爆款短视频的长度是以秒计数，并在社交媒体平台上被广泛分享。

短视频内制作的工业化水平已经很高了，已经精确到每秒需要做什么、怎么做了。

比如，第一秒为了吸引用户，可以在短视频的标题上做文章。视频长度虽然很短，但是可以配有一个较长的标题。长标题可以向用户传递更多的信息，从而帮助其判断是否会对该视频产生兴趣。

用户和客户有什么区别？所谓客户，就是愿意为你的产品或服务买单，会给你带来利益的人；而用户只是免费使用你的产品或服务的人。比如我们都是 QQ、微博等软件的用户，如果我们没有购买会员等增值服务，那就不算是这些平台的客户。

而用户算是潜在的客户，平台需要一些方法把用户变为客户。一般来说，爆款短视频前两秒就要能抓住用户的眼球，前十秒就要出现一个高潮。为什么十秒就要有一个高潮？用户会因为各种原因提前终止观看你的短视频。只有在适当的时机出现一个高潮，才能刺激观众看下去，使其有观看到底的欲望。

还要在前十五秒实现剧情的反转。为什么是十五秒反转，而不是最后才反转呢？还是因为各种未必会看完你的短视频的原因。只有实现了"完播"那才是胜利。这样才更有可能将用户转化为客户。

2. 内容接地气

爆款视频的创作，往往是从自己身边入手，有别于长视频经过团队的不断打磨、精心制作，用户自行上传的短视频内容更接地气，更容易引起其他用户的共鸣，从而形成良好的传播效果。

新氧在抖音短视频内容传播上，选定的是明星整容等"娱乐八卦"内容频道，加入一些专业的分析视角，为医美受众提供了不同脸型的整形方案、整形后的注意事项等医美问题。

短视频由于大多是采用 UGC 模式，用户可以自行选择自己感兴趣的内容在平台上上传，这就使其内容的种类多样，不被某种模式所局限。

多余和毛毛姐，是一位短视频创作者，因创作"好嗨哦"而为人所知。

多余和毛毛姐在 2018 年的抖音粉丝数已突破 2 000 万人，他在 2018 年 10 月末发布的视频《城里人和我们蹦迪的不同》中，一人饰演三个角色：讲解者多余、城里人毛毛姐和农村人毛毛姐。他通过更换假发装扮来转换角色，每个人物特点鲜明。视频的背景音乐《好嗨哦》也因此走红。2020 年 4 月，多余和毛毛姐粉丝已突破 3 400 万人。

3. 理解平台算法，争取平台支持

现在越来越多的视频平台开始重视短视频领域。像抖音、快手这种专注于短视频的视频 App 也日益增加。为了能够在市场中获得更大的竞争力，短视频平台都推出了各自的算法和推荐机制。

以抖音为例，抖音的推荐算法并没有标准答案，坊间所有公开的算法，都是根据自己运营的经验反推得出的。

但有一点可以肯定，那就是完播率大于一切。在抖音上，完播率是碾压其他指标的。抖音的底层逻辑，就是希望用户有更多时间的停留。完播的重要性大于转发，大于评论，大于点赞。

此外，还流传有一个"二发会火"的说法。也就是说，同样的账号，同样的作品，你发布的时间不同，获得的推荐量会有天渊之别。这就涉及了一个"作品池"的概念，你把一条作品发出来，这个时候系统根据它的模型匹配，

来判断你这个作品在同类作品中的排位关系。比如说动漫类，系统会根据你的内容、关键词等做排位。因为同一时间发布的竞争者作品强弱不一样，第一次可能排名一万开外，但第二次可能排名就是前十。你获得的流量当然也不一样，这就意味着完播率不一样，进入下一个流量池的机会也不一样，所以才会流传有"二发会火"的说法。

4. 内部测评 & 用户反馈

一个短视频作品完成后，要先做一个测评。

测评人员在观看后都应该提出自己的意见和建议，从而对短视频进行完善。

内部测评既是一个"ab 测试"的过程，也是一个自我审查的过程。短视频团队内部的成员，大多数对于短视频行业都是有一定了解的。进行内部测评可以使得成员从专业的角度来进行一轮评论，逐一找出存在的问题后可以整理记录下来，在将来的短视频制作过程中避免出现相同的问题。

在测评后的短视频正式投放到平台上以后，还应该时刻跟进用户的反馈，进行用户访谈，来核验营销的效果。比如可以问 "您最喜欢短视频中的哪个场景呢" "最初您是怎么看到我们的短视频呢" 这类问题，这样才能够得到最切实有效的用户需求。

企业不应该只是简单地评定品牌信息的传播程度如何，以及客户对某种产品推广活动的反应如何。它们必须同时考虑到这个过程中，客户对公司品牌的感知程度如何。短视频营销商通常会故意在各类品牌中植入一些昂贵的、看似业余的广告，并且许多还取得了巨大的成功。比如多芬在 YouTube 投放的一则短视频广告中，企业试图通过各种方式展示女性自尊。这则广告与法国依云矿泉水广告中突出滑板儿童一样，多芬广告旨在突出女性的美丽。

可以这么说，广告本身的吸引力很强，因为广告的内容通常取自观众的日常生活。观众通常会把这些视频广告转发给自己的朋友，然后朋友再将其转发给其他朋友，以此类推。这些视频广告便成了点击率最高的影片。然而，这种视频的销售转化率有限，也可以说对市场冲击力比较弱。

广告也要有料有趣

我们处于一个"多屏时代",上班盯着 PC,回到家客厅有一块电视屏幕,时时刻刻都携带着手机……这种信息过载,必然导致注意力匮乏。心理学家有个比喻,这就如同我们对着高压水管喝水,水量明明挺多,可是你能喝到嘴里的反而越来越少。

传统广告的投放,不客气地说,大部分是在浪费钱。不要说年轻人,就连中年人都开始注意力匮乏。看个电视都会走神儿,打开手机刷刷微信、抖音什么的……

所以,广告仅仅有趣还不够,还要有料。因为你的猎物(受众)也在像搜寻猎物一样,搜寻有价值的内容。有趣只能短暂吸引受众的注意力,要想产生持续的黏性,就要创建有价值的内容。在这些有价值内容的间隙,嵌入我们的产品或服务的信息,以吸引受众消费。这种营销思维被称为"内容营销"。

内容的形式可以是视频、博客、帖子、图像、网络讲座、微博、白皮书、电子书……在网络领域,任何有价值的信息都可以被称作内容。

　　过去十几年中，内容营销主要针对台式计算机。之后，我们需要将思维转换，牢记"移动设备优先原则"。

　　要知道，受众也很聪明，可能已经有读者怀疑我在这本书里植入了大广告。当然没有。但如果我说有，估计读者也会信以为真。但它们影响到你的阅读了吗？因为这本书绝大部分内容是有价值的干货。

　　正如戴维·斯科特所言："你的客户不会关心你，也不会关心你的产品或你的服务……他们关心的是自己，是他们自己的想法和需求。内容营销是为客户创造他们所需要的有趣的内容，这才是他们关注你的真正原因。"对于短视频营销而言，这个观点可谓话糙理不糙。短视频中如果采用娱乐的方式，迂回地植入软广告，会在不破坏内容的基础上，引起用户的共鸣，从而使其产生消费的欲望，从而达到短视频营销的目的。

短视频崛起的原因

　　移动互联网时代最大的特点是用户时间的碎片化，这也决定了视频消费的短平快时代来临。《2020 中国网络视

听发展研究报告》显示，短视频已成为用户"杀"时间的
利器，人均单日使用时长增幅显著。截至 2020 年 6 月，短
视频以人均单日 110 分钟的使用时长超越了即时通信。在
网络视听产业中，短视频的市场规模占比最高，达 1302.4
亿元，同比增长 178.8%。

1. 信息碎片化的客观需求

信息碎片化指的是用户通过网络快速地了解比以往
总量更多的知识，但是其内容更加分散，难以形成完整的
体系。

短视频正是信息碎片化的一个有力体现。短视频时间
往往较短，能够呈现的内容也有限。短视频制作者如何能
够利用这短暂的时间满足用户的需求，是一个值得探讨的
课题。

2. 硬件环境的成熟

短视频行业快速发展，是外部环境和内驱力共同作用
的结果。智能手机的普及、带宽价格的平民化，也为短视

频的出现与发展提供了土壤。随着网络资费的降低、Wi-Fi
的普及，4G、5G 网络下沉到最广大的农村，任何用户在任
何可以被基站覆盖的地方都可以拿出手机即时观看短视频。

各大平台还针对用户的需求制作 YAP，方便用户提前
进行缓存。移动端观看已经逐渐取代了过往 PC 端观看的模
式，这样使得用户在观看短视频的时间上更加灵活。

3. 交通网络产生的碎片时间

关于用户时间碎片化，过去有"马上、厕上、枕上"
的说法。

交通网络的发展，可进一步导致用户时间碎片化。高
铁的普及，使得用户可以在一天之内赶往多个地点，做不
同的事情。地铁、巴士等通勤方式，也造就大量碎片时间。
中国网民的上网高峰分别是在 6 ~ 8 点、21 点左右，这个
时间分布体现了用户往往是在通勤时间，以及回家晚饭后
对网络文娱的需求最高，而短视频恰好适合在这个时间段
上来满足其需求。

短视频受众的用户画像

短视频内容消费的用户画像指的是将网络各大平台上的短视频进行分析归纳整理，将其中不同类型的短视频分别开来，将抽象数据具体化表现的一种形式。短视频分析画像可以最直观地体现究竟什么样的短视频才能获得高人气，从而帮助制作者对题材进行选择。

1. 更强调娱乐性

诸如"土味"短剧、"土味"情话之类短视频的流行，折射了什么？

这其实反映的是一种现实：短视频更强调娱乐性。

在娱乐的基础上，短视频的内容还要做到雅俗共赏。太过低俗的内容虽然在短时间内可以满足用户的猎奇心理，从而受到关注，但是长此以往绝对无法获得更好的发展；而太过高雅的内容则会使得用户难以理解，从而失去兴趣。

随着现在视频市场的不断成熟，它将会变得如同付费搜索一样可以衡量。

就目前来说，能充分控制的变量是生产成本和总浏览量。生产成本需要维持在一个比较低的水平，同时真正有意义的工作开始于视频被上传至网站之后。另外，营销广告词应该被放在娱乐的次要位置。广告太突兀的做法往往会疏远观众，并最终导致完播率的下降。

短视频作为新的传播媒介，对内容创作者的素质又提出了新的要求。比如，要有一技之长，加入吹拉弹唱；要有 "观众缘"，如亲和力、幽默感等。

尽管娱乐与营销之间的关系总是显得模糊不清，但两者间的关系其实由来已久，可以追溯至无线电和电视出现的初期。当然，你可以通过在视频中植入 30 秒的前置广告来宣传适当的产品，但这样一来，你也会被消费者做以 "当我想看视频时，这一品牌侵扰了我" 的标记。

查尔斯·特普是 YouTube 上视频点击量最高的视频创作者之一。他与未婚妻艾莉一起，用视频记录每一天的事件，并与观众分享这些 vlog。他们基于网络视频系列的 "互联网扼杀电视" 的项目，获得了第三届 Mashable 年度互联网奖项。他还参加了 "谁想成为 200 互联网百万富翁" 以及美国家庭影院实验室项目系列比赛。

查尔斯花费了一年时间，将自己制作的名为"互联网扼杀电视"的日常真人秀发布到互联网上。

是什么机缘使他开始，又是什么促使他不断前进？

查尔斯·特普一开始只是因为喜欢带着相机和朋友一起随便玩玩。后来因为粉丝的反馈，以及阅读了来自世界各地观众的反馈意见，让他更有信心做下去了。

查尔斯·特普感觉自己非常幸运，到目前为止，做这份工作已经很多年了，他希望有能力不断调整自身，在将来继续从事这份工作。

对于那些希望通过媒体来推广产品或服务的企业，查尔斯·特普的建议是：制订一份完整的营销计划是存在一定困难的——因为环境总是在不断发生着变化。最好的办法就是保持高度警惕，随机应变。

查尔斯·特普表示，通过互联网向观众分享自己的日常生活的视频，这种感觉也非常棒！

对于其他的视频创作者，查尔斯·特普的建议是，尽量制作那些能引人发笑的视频。当一天结束的时候，你应该为自己制作的成果感到快乐。

2. 寓教于乐

短视频教育能够突围，在于寓教于乐，这也是泛娱乐的一个特性。

"人类观察所"，用动物头套来演绎情景剧，解释心理学、社会学概念。

"珍大户"，用学校广播体操来解释区块链，讲述有趣的经济金融故事。

"玩骨头的卢老师"，用外卖吃剩下的鸡骨头拼成模型，介绍古生物学知识。

……

Intel 曾在 Instagram 上展示了怎样自己动手用一件毛衣做一个笔记本电脑包。创意首先是一个吸引眼球的点，但是整个视频最让你印象深刻的大概也是教会了你怎样完成一件事，这种寓教于乐的信息，会让粉丝对品牌的好感度增加。

教育虽然本身是严肃的，但是制作者在完成此类短视频时还是应该选择较为有趣的方式，这样才可以使得之前没有接触过此类知识的用户，能够在很短的时间内充分理解，学有所得。

短视频传播知识正在成为一种新的趋势，在短视频平台上，知识类产品越来越具有吸粉能力。抖音前总裁张楠表示：抖音将面向教育内容创作者，大力扶持，加强知识类内容的发展。快手大数据研究院发布《2019 快手教育生态报告》，首次对快手教育生态做出系统盘点。2019 年，快手平台上的教育类短视频数量累计高达 2 亿条，日均播放总量超过 22 亿次。

3. 电商与短视频融合

电商类短视频是为了向用户展现其商品，所以在内容的选择上也是以突出商品的特质为根本。但是，在呈现方式上，仍然是以"泛娱乐"为主要形式来抓眼球。

理科太太堪称中国台湾地区的最火网红，她本名陈映彤，2018 年，她靠一段短视频快速蹿红。在一片 up 主中杀出重围。理科太太本是一名药妆产品的创业者，公司面临倒闭危机，理科太太最后决定放手一搏。为了证明自家产品"有效"，她在自己的脸蛋上做实验，高浓度痤疮杆菌涂在自己脸上，先让脸上长出痘痘，然后再使用自家产品，以"每分钟一张照，连续拍了九天"来记录产品的成效。这九天内她都戴着安全帽摄影机记录痘痘变化，不出所料，这支 5 分钟的短视频一上线就引起极大回响。视频一出，短短几个月获得 2 300 万次的点阅量，订单也雪片般飞来。

理科太太这种"以身试险"是视频展示手段，仍带有"泛娱乐"的印记。诸如淘宝之类的电商平台已经开始推出自己的短视频渠道了，通过这种方法来尝试电商与短视频营销的融合。

4. 更注重参与感

虽然每个短视频平台都号称社交媒体，但视频制作者与观赏者之间的社交大多是一种"弱关系"。基于视频直播的打赏，使得这种"社交"更像"内容生产者"和"内容消费者"之间的关系，双向需求变成"一方买一方卖"的单向需求。

但是，vlog 这种短视频更具有社交属性。所谓 vlog，就是视频博客的缩写，是视频创作者用来加强与粉丝互动的一种短视频形式，创作者可能只是聊天，也可能随意剪辑日常生活片段，能够更原生态地呈现网红们真实生活的一面，满足粉丝的好奇心，所以很受年轻观众的追捧。

美国网红凯西·奈斯泰德号称 vlog 教父。凯西在 34 岁那天发布第一个 vlog，并开始其"每日 vlog"计划，仅用一年时间便累积了数百万名粉丝，成为 YouTube 顶级网红。

短视频观赏者往往对于制作者人的生活存在着一些好奇，制作者通过短视频这一形式分享自己的生活，可以满足用户的这种心理，也可以满足客户的参与感。对于短视频营销来说，能够做到这点已经够了。vlog 教父凯西曾对媒体表示："我在 YouTube 用了 5 年的时间累积了 40 万名粉丝，但当我开始发布 vlog 以后，粉丝数目在 2 年间从 40 万名达到 800 万名。我从中了解到，创作者不单是要创作内容，更需要与粉丝建立关系，而 vlog 正是创作者与粉丝之间的桥梁。"

所以，品牌方想通过短视频营销产品，除了传统的短视频以外，vlog 也是一片蓝海（市场空白），品牌可以选择产品植入、冠名赞助或产品体验等方式，与短视频网红合作。

可口可乐曾发布一个以粉丝生成内容制作而成的视频广告，视频时长 30 秒，内容是粉丝们分享喝可乐的各种快乐时刻。可口可乐邀请粉丝分享一段"当你喝可乐的时候，你会有什么感觉"的视频短片，优秀的短片会被剪辑、运用到可口可乐的广告中。

千万不要低估社交媒体的力量，保持与粉丝的互动能够使他们拥有参与感，并且向他们提供了一个与你的品牌深度接触的机会。

社交才是方向

可口可乐的"惊喜贩卖机"的故事，是社交媒体营销的经典案例。

在新加坡国立大学校园内，可口可乐设置了一台名为"抱抱我"自动贩卖机，只要拥抱一下机器就可以拥有一罐免费可乐。在纽约某所大学里，可口可乐公司放置了一台特制的贩卖机。当学生往贩卖机里投币买 1 瓶可乐时，偶尔会掉出来 2 瓶，甚至 16 瓶。原来可口可乐号召你把另一瓶分享给周围的人，而一旦分享成功，捷蓝航空也会顺势送给你一张往返机票。这不仅让当事人大吃一惊，更让周围的人羡慕不已。这样的好事怎么不会分享出去呢？

这种惊喜贩卖机有时候掉出来的是一束鲜花，有时候是一块意大利腊香肠比萨，有时是个 16 英寸长的潜水艇模型。这些都是藏在墙后的可口可乐公司员工"蓄谋已久"的安排，对于只想买瓶可乐的学生来说，这是个巨大的惊喜。

可口可乐公司还安排了一台摄像机记录下学生们的吃惊表情，并在添加字幕后将视频上传到视频网站 Youtube 上。

当可口可乐公司在 Facebook 主页上发布了这段视频一年后，这段视频收获了 1.5 万个"赞"，点击率达到了 400 万次。

可口可乐在 Facebook 上有近 5 000 万名粉丝，粉丝又会通过点赞、转发引起更多人注意，投放一次覆盖这么多人的电视广告，需要上百万美元。然而，可口可乐很少利用这个新渠道向粉丝传播类似广告的信息，尽管他们对品牌十分着迷且接受度很高。

可口可乐主管社交媒体营销的负责人说，我们无时无刻不在感谢大家对品牌的喜爱，并鼓励他们表达这种喜爱。当我们在 Facebook 主页提问你们最希望和哪位名人分享可乐时，经常能收到过万条回复和上万个赞。而且 90% 的粉丝"是在我们更新后一小时内给予回复"。

让别人喜欢你，比让别人知道你更需要技巧。这个法则不仅适用于可口可乐这种大公司，即使你是个微不足道的"微商"，也应该知道节制与克制，不要在朋友圈"刷屏"，不打扰是基本的社交礼仪。社交媒体这个概念，重点在于社交。

格雷格·班森导演了大量喜剧短视频，是一位低成本搞笑肥皂剧制作者。格雷格的视频短片及恶作剧影片拥有数以百万计的点击量，并且整合了诸如必胜客、波尔克音频、AT&T 公司及音乐电视频道（MTV）等品牌的营销。而格雷格的项目已经在网上拥有了超过 1 亿次的点击量。

自 1991 年以来，格雷格·班森一直在洛杉矶担任专业演员，并且从 1992 年起，他开始自己拍摄喜剧小品。

20 世纪 90 年代，他仅通过公共电视这一渠道播出自己的影片。

　　不过，自从 2005 年在线视频出现之后，他开始在网站上向观众分享自己的影片。格雷格·班森的妻子说服他加入社交媒体和视频平台。从此，格雷格·班森打开了新世界的大门，体会到了社交媒体的力量。

　　由于格雷格·班森的专业功底过硬，他在 YouTube 上播出了几则视频之后，来自广播电台和互联网的邮件和电话逐渐增多，许多公司希望能够与他合作。突然之间，似乎所有人都开始对他感兴趣，并且希望在他的其他短视频中投放广告。对于格雷格·班森来说，他本来就是电视人，对广告并不陌生，所以很快与其中一些公司会面并谈成了几笔交易。

　　格雷格·班森也开始组建团队，聘请一些演员和工作人员、购买高端设备等。他们甚至没有来得及意识到，视频制作已经由最初的一项爱好转变成了全职工作！

　　在这段时间中，YouTube 还推出了合作伙伴计划，这样一来，他们所有的影片都开始盈利了。此外，他的一些影片还在许多电视节目上播出，这促使格雷格·班森朝着创造更多视频内容的方向不断前进。格雷格·班森在 YouTube 上播出的第一则视频是《格雷格进军好莱坞》，该视频获得了将近 100 万次的点击量，并首次为他带来了数以千万计的订阅。

在线视频这一媒介，为格雷格·班森带来其他任何媒介所无法带来的粉丝量。为了能让更多的观众看到他的工作成果，成为格雷格·班森继续走下去的动力，YouTube 还为他提供了为大公司进行短视频营销的机会。

于是，因兴趣趁业余时间创作短视频的举动，开始逐渐发展成为他的重要收入来源。对于很多像格雷格·班森这样的视频创作者来说，视频平台已经成为他们全职工作的场所。

格雷格·班森认识到了定期创建具有高质量短视频内容的价值，并且为了留住忠诚的粉丝，他大大提高了视频上传的频率。

同时，格雷格·班森还尽力保证自己所制作的视频以及植入产品的广告总是有趣的，这样一来，即使观众意识到视频是以产品营销为中心的，他们还是会自得其乐，并且继续观看下去。

　　对于那些希望通过媒体来推广产品或服务的企业，格雷格·班森的做法很有借鉴意义。广告赞助商应该已经清楚了解了使短视频受欢迎和令观众愉悦的因素，不是试图过多地将自己的产品信息生硬地植入视频中去，而是将产品植入视频的合适方式。合适的产品植入不会对视频的趣味性造成干扰，也不会因为销售信息而给享受视频的观众带来当头一棒。相反，假如观众仅仅感到自己只是在观看一则广告，他们很可能会选择逃离。

　　对于其他的视频创作者，格雷格·班森给出的建议是，保持定期拍摄、编辑和上传视频。你投入得越多，视频的质量就会越高，观众的数量就会越多。

　　千万不要低估社交媒体的力量，保持与粉丝的联系能够使他们拥有参与感，并且向他们提供了一个与你进行个人接触的机会。

　　对于视频创作者，格雷格·班森希望向他们强调"写自己所知"的重要性——不要为了想当然的观众喜好而试图去迎合，相反地，应该多写一些令自身感到快乐的东西。

对于那些可能成为制片人的人，格雷格·班森建议他们降低成本，多向自己周围的人学习：比如 DVD 导演评价和幕后影片等。重点在于，你花在短视频上的时间越多，你所能得到的收获也会越大。观察一下周围人都在做些什么，你将会逐渐获取新粉丝的技巧。

02

发现
自己的定位

有句话叫作"做你自己，因为别人都有人做了"。结合自己的特长、兴趣来进行目标用户和定位，的确是短视频营销成功的重要因素之一，本章我们就结合一些成功案例来说明一下如何确定目标人群。

娱乐与垂直，短视频营销的"罩门"

用户对互联网内容的消费取决于两个因素：时间与成本。用户愿意在短视频方面消耗时间，是因为能在单位时间内获得更高的价值。这决定了娱乐化与垂直细分是短视频突出重围的不二法门。

1. "内容 + 娱乐"的营销方式

视频浪潮风起云涌，只要你有一部智能手机，你就可以成为视频生产者。

很多头部 IP 之所以可以在短时间内崛起，究其根本，是由于其使用了一种"内容 + 娱乐"的营销方式。短视频营销的本质是娱乐营销。

以 2018 年抖音红人排行榜第一的代古拉 K 为例，她在抖音上凭借一个跳舞视频直接摘得抖音播放量和涨粉量榜首。仅仅入驻抖音后 21 天涨粉 800 多万人，几天之后拥有上千万名粉丝，比一些明星的人气都高。其招牌舞蹈更是引起上千万人围观。

代古拉 K 跳舞只是业余爱好，她在抖音上传了一段很有意思的甩臀舞，背景音乐叫作"pump"，就是这段舞蹈风靡全抖音，让很多女网友都跟着模仿。

这种走红的背后原因，就是她向观众提供了一种娱乐价值。

短视频实际也是一种内容消费，是体验经济的一部分。这些短视频让当下移动互联网的主流用户感受到了

"有趣"。

短视频中如果采用娱乐的方式，迂回地植入软广告，会在不破坏内容的基础上，引起用户的共鸣，从而使其产生消费的欲望，达到短视频变现的目的。

2. 垂直细分，是短视频营销的另一策略

专业化，才能把内容做到极致。

曾有专家预言：那些看似暂时占据优势的业余视频网红们将很快消失，取而代之的会是具有更专业经验的视频创作者。显然，这种预测并没有应验。

至少目前而言，业余视频网红仍然占据视频订阅率和点击率排行榜的主导地位。但就怕货比货，专业的终将打败业余的。

放弃不该有的大而全想法，专注一类人群的多样需求，应成为短视频后起之秀的座右铭。

作家格拉德威尔在《异类》一书中指出："人们眼中的天才之所以卓越非凡，并非天资超人一等，而是付出了持续不断的努力。一万小时的锤炼是任何人从平凡变成世界

级大师的必要条件。"针对某一特定用户群体需求,提供有价值的特定内容。内容的垂直性可以保证用户群体的稳定性。

做短视频,不能都想做、都要做,贪大求全的结果只能导致平庸。

就好比一个生物,要在一个生态之中找到自己的生态位。做短视频营销,也要找到自己的生态位,也就是所谓的市场定位。当内容均由垂直性针对某个特定用户群体进行量身打造,就会获得一个稳定的"基本盘",从而实现稳定发展,最终获得长久的盈利。

短视频的用户需求分析

运用短视频进行营销,和其他任何一种营销方式相同,都是基于用户需求的满足。

短视频创作者可以建立用户需求模型,从而更简便地将用户的需求按照重要程度进行排序。KANO 模型就是一个可以帮制作者解决问题的用户需求模型。

KANO 模型是由东京理工大学教授狩野纪昭(Noriaki

Kano）发明的，其主要作用是将用户的需求进行分类后按照重要程度再进行排序。

短视频制作者如果采用这个模型对所收集到的用户需求的相关数据进行分析，可以高效率地得出短视频内容所要满足需求的轻重缓急，帮助制作者更好地制订计划。

KANO 模型根据用户不同需求的重要程度，将其分为五类：基本型需求、期望型需求、兴奋型需求、无差异型需求和反向型需求。

这五类需求重要程度依次递减，也就意味着短视频用户的基本型需求是必须满足的，而反向型需求则是不应该做的，如果出现反而会适得其反，引起用户的不满。以下重点讲前三个类型。

基本型需求是基础，短视频的内容必须满足用户的基本型需求才能得到用户的认可，如果没有达到的话就会招致用户的不满。比如说，你在标题上表明这是一则讲解"费马大定理"的知识性视频，最后却没有怎么讲费马大定理，观众会觉得受到了愚弄。

期望型需求指的是用户在观看短视频之前所预期中想

要达到的那部分需求，也就是所谓的"痛点"。"费马大定理"是一种深奥的理论，如果你能讲解得深入浅出，那么就是满足了期望型需求。期望型需求虽然不是必需的，但是一个短视频作品的内容如果可以满足这部分需求，在与其他同类短视频进行竞争的时候，就会有极大的优势，在用户的心里也会留下无可替代的印象。

兴奋型需求是对于客户需求满足率的提升，是有重大影响的部分。用户在观看短视频时如果兴奋型需求被满足，其需求的总体满足率就会急剧上升。想要满足用户的兴奋型需求就需要短视频制作者给予用户出其不意的惊喜。比如说，你的视频寓教于乐，还穿插了各种图片和影像资料，必定让观众观赏体验更愉悦。

短视频用户的需求，大致分为四种：

（1）娱乐、打发时间；

（2）获取新闻资讯；

（3）获取知识，进行深度阅读；

（4）寻求指导消费。

我们应该做的就是挖掘用户对短视频内容的需求，并将用户想看的内容推送给他们。

papi 酱：替你吐出心声

2015 年初，papi 酱和她中央戏剧学院的同学霍泥芳开始以名为 "TCgirls 爱吐槽" 的微博账号发布短视频，于是，"一个集美貌与才华于一身的女子" papi 酱突然出现在人们的视野中。

papi 酱本名姜逸磊，1987 年 2 月 17 日出生于上海，毕业于中央戏剧学院导演系。

papi 酱一改以往 "网红" 所需的锥子脸、炫富病、摆拍照等炒作作风，而是用自导自演的 "吐槽" 式短视频，这种独特的风格让她快速收割一众粉丝。

papi 酱以一个大龄女青年形象出现在公众面前，对日常生活进行种种吐槽，幽默的风格赢得了不少网友的追捧。papi 酱成为一个空前成功的个人 IP，微博粉丝超过 1 100 万人，微信公众号文章的阅读量（次数）分分钟超过 10 万次。

papi 酱第一个爆发的作品是《男性生存法则第一弹：

当你女朋友说没事的时候》，这一段深谙女生心理的视频，真实解构了女生在谈恋爱时让男生百思不得其解的行为。

papi 酱给自己贴上的标签是"贫穷 + 平胸"，口头禅是"我是 papi 酱，一个集美貌与才华于一身的女子"。

2016 年 3 月，papi 酱获得真格基金、罗辑思维、光源资本和星图资本共计 1 200 万元融资，估值 1.2 亿元左右。

那些自媒体"网红"们，大多才华横溢，为粉丝输出了独具个人特色的内容。

就 papi 酱而言，首先，papi 酱不是业余玩票型选手，她毕业于中央戏剧学院，凭借其所具有的专业技能和媒体资源进入短视频领域。其走红网络，与其专业背景密不可分。在很多人都不知道短视频是怎么一回事的时候，Papi 酱独创了一人分饰多角，用手机拍摄，然后还能把每一个故事拍得非常完整和有趣，引起很多共鸣。

其次，papi 酱的"吐槽"不是为了"吐槽"而"吐槽"，她表达了很多人想说却因种种原因无法说出口的心声，尤其是戳中了当下很多年轻人"内心深处对于人生真相的凝视"需求。这种直击内心、深入人心的内容才是真正满足人们个性化需求的典范，从而更深层次地传达出 papi 酱短视频内容的个性。

比如，点击率极高的《男性生存法则系列》，在《男默女泪》一期中，papi 酱站在女性的角度，对女性和男性对于事物的看法如此不同，且男性总是无法明白女性的想法这一生活现象，进行了言辞激烈的"吐槽"。

从 papi 酱所宣称的"撕掉假人设，废掉别人所加诸的人生规划"，可以十分强烈地感受到 papi 酱对于个性的宣扬，而这也是她的短视频独具的风格。

这些现象生活中十分常见，许多人限于自己所处的身份、位置，不便说破。但 papi 酱用鲜明犀利的言辞说出了很多人的心声。但这种吐槽并不是刻意制造对立与矛盾，而是以幽默的润滑方式，让粉丝大笑之余有所思。这就和粉丝建立了一种情感联系。

小罗：抢占"恶搞"蓝海

罗睿，沈阳人，"小罗"是他的网名。让小罗成名的，是他的恶搞系列短视频。

"小罗恶搞"每一期都是由其团队在街头选择群众,围绕着不同的主题进行恶搞。这种短视频模式之前在国外已经有很多团队在制作,但是在国内尚未形成模式,"小罗恶搞"团队的出现填补了这一蓝海。许多之前喜爱国外街头恶搞短视频的用户就被吸引而来。"小罗恶搞"也很快吸引了大批粉丝。

小罗自谦说,自己的走红,是因为"小罗恶搞"创立时的几个有利条件:"一个是恶搞视频在国内是蓝海市场,更重要的是抓住了短视频的红利期,随着短视频崛起而走红。"录制这样的恶搞短视频,完全是个人爱好,因为他看了大量的外国恶搞视频,但是在国内基本没有人做这个,所以他就做了。

小罗认为,网红与自媒体是两个概念。"网红是 UGC(用户生产内容),接地气但内容粗糙,形象一般是个人,不稳定,而且一般依附于一个平台。而自媒体是 PGC(专业生产内容),由专业团队维护,发展可持续。"

谈及盈利模式,小罗将其定义为"视频自媒体的盈利模式",主要包括:广告冠名、视频平台分成、潮流淘宝店、直播打赏。"直播打赏是偶尔的，不多，而潮流淘宝店存在网红推荐的势能，我们可以把好东西推荐给粉丝，这也是网红价值的体现。"

对于短视频创作者，小罗也有自己的建议，大致如下：

（1）要理解游戏规则，争取获得平台推荐的资格；

（2）网红之间要学会抱团取暖，互相帮衬；

（3）打造自媒体矩阵，要提高平台分发能力，毕竟一个平台势能有限；

（4）学会找到新的流量风口，在红利期抢进。

罐头视频：获取多场景技能

罐头视频创始人刘娅楠在搜狐网十多年的职业生涯里，一直在生活方式的内容上耕耘，从普通编辑做到了内容总监。可以说，做生活类短视频于刘娅楠而言，是一个厚积薄发的选择。

罐头视频经过一段时间的研究后才最终确立了自己制作短视频的方向，在这个过程中团队使用了许多好的运营方法，来对其短视频进行推广。

罐头视频是一个专注于实用技能类的短视频制作团队。诸如"西瓜的几种开放脑洞的吃法""零失手泡椒凤爪""猫咪秒变健身利器，撸猫撸出好身材""橘子皮的 10 种高能用法"之类的视频节目，以其实用性和趣味性兼备而深受广大用户的喜爱，在网上获得了巨量的点击。

罐头视频在初期，常常使用"几分钟学会一个某某技能"之类的标题。这样的标题比较容易引起观众兴趣。

2016 年成立的罐头视频，仅仅在成立一个月后就拿到天使轮百万元融资。成立两年，旗下短视频共产生了 75 亿播放量，并创下 8 个月完成三轮融资的佳绩。估值过亿，风头一时无二。

罐头视频之所以能够从众多同类短视频中脱颖而出，主要归功于其高辨识度。罐头视频与一般的实用技能类短视频不同，以快节奏的方式讲解技能，比如采用节奏较快的背景音乐，使得用户可以在轻松的氛围下快速学习到一个实用技能。

此外，罐头视频的运营采用的是 Mcn 模式，有趣、有用的内容 + 员工网红，这就构成了罐头视频作品成为爆款的发动机。罐头视频的员工就是出现在短视频中的"网红",其选取的出镜者与其他短视频不同,最具代表性的"罐头妹"的形象设定,选择的是一个邻家女孩一样清秀的小姑娘。这和"网红脸"当道的其他视频气质截然不同。"罐头妹"自带一种亲和力,使得用户一看到就心生亲切。在刘娅楠看来,罐头视频所传递的风格是生活化、有亲和力的,所以"罐头妹"一定是一位除了直男喜欢,女生也特别能接受的邻家女孩来出演。

刘娅楠认为,既有的美食的短视频节目,都缺少"人"这个标签。虽然"人"绝对是加分项,但加"人"挺难。用户会通过喜欢这个人而喜欢你的产品。加这个人必须男女老少都喜欢并且符合视频的调性,还要有感染力。刘娅楠想到公司有一个平面设计师。她的形象符合要求,但是她不会演,连翻个白眼儿都不会。但播出效果出奇地好。刚上线的那天晚上,很多朋友都问:这个女孩是在哪儿找的?可爱大于漂亮,是招人待见型的。

随着罐头视频的壮大,内容也日益多元化。如今罐头视频下设美食、手工、社交、宠物、男性领域这五个短视频栏目，罐头视频可以每周更新六次。

从爆款经验的角度上看，罐头视频很会借势。罐头视频的团队报选题会根据当天、当月，甚至当季的热点事件，以及季节变换所适合的生活知识，来确定录制内容。

罐头视频多平台投放作品，在多家社交平台、视频门户平台上进行同步发布，这样可以最大限度降低运营的风险，同时也在很大程度上增强了其用户的覆盖率。

比如在微博这个渠道上，被大号转载，也是罐头视频作品成为爆款的一个重要因素。《电饭锅蜂蜜柚子茶》这条短视频全网播放量超 8 000 万次，微博转发量超 11 000 次，刷屏之余还被官媒"人民日报""人民网"转载。这批大号一转，就会非常容易下沉到地方公号，进而发展为渗透性传播。

同道大叔：获取十二宫用户画像

同道大叔的创始人蔡跃栋，来自潮汕一个农村家庭。高中学习美术，2009 年考入清华美院。

到清华的第一年，他就利用高考的 10 万元奖学金开始创业，教高考生美术，两年挣得人生的第一个 100 万元。

那个时候是 App 热，所以他从大三开始就做产品经理，做过几款新媒体和职场社交 App。

同道科技是他的第五个创业项目。创业项目失败了，但是同道这个名字保留了下来。

蔡跃栋最早涉足星座这一领域是因为他在某个商场中恰好听到几个小姑娘聊天，他发现她们不管说到什么，没有几句话就会提到一次有关星座的话题。这令他萌生了以星座为切入点的念头，开始创建同道大叔这个微博账号。自此之后他始终将目标客户锁定在年轻女性上，现在其粉丝群体中 69.7% 是女性，80% 是"90 后"。

同道大叔在微博上的主打内容是星座相关的话题。在这个领域，同道大叔可谓做到了极致，每一个对星座感兴趣的女性几乎都听说过或者看过他的星座"吐槽"。

2014 年 6 月，同道大叔这个 IP 在微博引爆。

蔡跃栋满足了期望型需求，根据女性市场中的不同需求，为不同的用户群体提供不同的产品，从而迅速笼络住大量的粉丝。

　　蔡跃栋的微博上一共有超过 1 300 万粉丝，这些粉丝是他日积月累积攒下来的。最初他只是在微博发表一些关于不同星座人的不同特征的小段子，后来他开始画一些与星座相关的搞笑漫画，最后他甚至制作一些以各星座作为主题的搞笑短视频。同道大叔在不同阶段的不同产品输出，体现出的是一个文字—图片—视频的信息传播形式的升级，他的每一次升级在用户群体中都会造成更大的反响。

　　蔡跃栋的产品定位，本质上是针对女性的情感与社交，而星座分析则是其中的一种表现形式。在女性群体之间，进行社交的时候经常会提到星座，几乎生活中所有遇到的人和事件都可以与星座产生联系。在这样的情况下，星座似乎就成了一种开始话题的切入点，蔡跃栋同样是以星座为一个主要话题，通过对女性心理的精准把控，以星座分析的形式，为用户提供情感上的建议，从而真正打动对方。

　　蔡跃栋为了能够最快速地收集用户的数据，曾经在微博上发起过关于"你是怎么看待某个星座"的相关话题讨论。这些话题一经推出就吸引了大量的粉丝留言。通过这些留言，蔡跃栋很快就收集到了目标群体对于不同星座人群的已有印象并且加以整合，在后来的"条漫"及短视频作品中都根据用户的喜好来设定主题。

很长一段时间里，网络中一直流传着一种"黑"处女座的风潮。有的人是因为曾经与"处女座"之间发生过什么故事，有的人只是单纯地跟风。在这个情况下，同道大叔为了能跟上热点，自称是处女座，但其实他是天秤座，之所以自称处女座，大概是为了更有戏剧效果，强化记忆点。

面对庞大的粉丝基数，蔡跃栋想要把握他们的全部需求无疑是非常困难的，庞大的用户数据对于一个网络营销账号而言是难以独立分析全面的，在这种情况下他必须把握住用户群体的共性，建立用户画像，然后以星座这一主题作为联结点，将不同的用户画像区分出来，找到其各自的个性，才能达到最大限度满足各种用户需求的目的。

同道大叔的成功，显示出了对于建立用户画像在营销中的重要性。人和人之间必然存在着共性，在把这些共性提取出来然后加以阐释的时候，就很容易得到大众的认同。

同道大叔也因此被称为最大女性内容账号之一，经常与咪蒙争夺头把交椅。

2016 年 12 月 8 日，美盛文化以 2.175 亿元收购同道文化 72.5% 的股权，同道大叔本人套现 1.78 亿元。

新媒体圈一片哗然，称他是"第一个上岸的自媒体人"。

同道大叔这个 IP，现在已经是一个团队在运营，新文创业务也涉足了短视频，欲借"短视频 + 快闪店"新产品"弯道超车"。

本末测评：卖更具性价比的网红服装

本末测评是由许亚军创立的一个针对"网红"服装店进行测评的短视频账号。许亚军自述，他就是要做一个"搅局者"，他的出发点是希望网红店的利润能够合理化。

许亚军曾经从业于服装制造业，还做过"网红"公司的经纪人，所以，无论在服装领域还是在"网红"领域，他都具备一定话语权。许亚军自述有过 4 年的服装制造业经历，所以对做工和布料比一般人要懂一些。很多女生因为不懂服装做工面料，网购经常买到很烂的东西。所以自己就经常帮她们去选，后来创业做自媒体就想到这个点子。

　　许亚军从网上买来各个品牌或店铺的衣服，给观众讲解、分析每件衣服的质量，防止被坑。本末测评甚至会由许亚军为模特来进行"网红"服装的试穿来做测评。

　　对很多用户而言，对于"网红"以及他们所销售的时装，都带有某种困惑。本末测评的视频内容，可以满足用户的这一需求。本末测评弥补了时尚网红电商产品质量的不确定性这一痛点，以短视频呈现出各大"网红"店铺的服装的真实质量，一经投放就获得了不错的反响。

　　短短一年多时间，他已经在全网积累了过百万粉丝。接下来，许亚军自建团队做电商，以更高性价比的方式卖衣服给粉丝。

　　他的商业模式如下：比如，选一款中年羊皮马甲，他把全部成本和利润都公开透明。进货100元卖125元包邮，淘宝上同类别最便宜的也要190多元。每天会有两三千人来问，累计有上万人想买。许亚军说，他准备了200多件做测试，结果不到半小时就卖完了，只有4人因为尺码退货，一个人因为扣子退货。

　　许亚军说："网红店衣服质量差得真的颠覆了我这么多

年对服装的所有认知。我真的不忍心见到消费者花好几百块钱去买件垃圾的衣服！"

由于本末测评对许多"网红"所售卖的服装质量是持否定态度，这就会招致业内人的抵制。

本末视频在微博、B站等多个不同类型的平台上保持着一定的更新频率，这就形成了稳固的用户受众群体。

对于许亚军仅凭质量定价格的观点，也遭到了不少质疑的声音。比如奢侈品店干脆就关门好了。

许亚军如此回应：网红衣服一没品牌价值、二没原创设计、三没质量保证，我不知道除了质量还能讲什么。

许亚军的走红之路，和美国著名的短视频制作者凯西颇有神似之处。当年，凯西就是靠一则名为《iPod 的肮脏秘密》的短视频走红全美。

凯西：揭露"iPod 的肮脏秘密"

凯西·奈斯泰德，1981 年出生在美国康涅狄格州的一个平民家庭。凯西自述，他们家经济条件在康州属于中等偏下，父亲是一位销售员。

　　凯西的母亲回忆，她发觉自己怀上凯西时，正在看一部恐怖电影。这样的家庭，可以说草根得不能再草根。

　　凯西自小调皮捣蛋，到高中时期还经常逃学，最后还因打架被劝退。十七岁时，凯西结交了一位女朋友，他带这位小女友，两人开着一辆老本田从康州开了两天车搬到了弗吉尼亚州，那里有凯西正在上大学的哥哥。这一年，凯西女友怀孕。

　　从此，凯西带着女友和儿子回了老家，在一家海鲜餐馆里刷盘子。

　　因为生活太贫苦，妻子抛下孩子离开了凯西。家庭解体后，凯西孤身一人去了纽约。

　　在纽约曼哈顿，凯西租了一间"房子"，其实是一个连腿都无法伸直的小隔断房，在出租屋后边就是世贸大厦。

　　2001年9月11日，飞机撞上世贸大厦时，凯西还在睡梦中，被巨大的撞击声惊醒后，他找朋友借了一台摄像机，骑着自行车，拍下这个"最可怕的一天"，就在这个时候，凯西发现拍摄视频才是自己所热爱的。于是，凯西花了大半的积蓄，买了一台摄像机，视频生涯自此开始。

2002 年，苹果推出第一代音乐播放器，凯西在用了 18 个月后，发现电池坏了，苹果公司给出不给更换电池要求凯西再购买一台新的播放器的荒唐说法。

这为凯西带来了一个新的契机，因为他感觉这是一个制作视频的好素材，于是，一则名为"iPod 的肮脏秘密"的短视频出现在了网上。

在这则短视频里，凯西指出，苹果公司为了赚取更多的钱，将电池寿命故意设定为 18 个月，逼迫顾客在坏了电池后重新购买播放器。

短短几天后，这则短视频点击量超过 500 万次。

在美国掀起了一股支持凯西的热潮，同样遭遇电池问题的消费者开始联合律师起诉苹果公司，最终苹果公司公开致歉。

靠着"iPod 的肮脏秘密"凯西正式走上了网红之路，开始和小公司签合同拍短视频赚钱。

如今，凯西制作的一切短视频都与生活息息相关。比如，凯西在攀登非洲最高峰时，用摄像机拍下了一幕幕生死时刻，记录了自己如何艰难地登山，在克服了缺氧、头疼等危险后，成功登顶。凯西参加奥斯卡颁奖典礼，用照相机拍下了盛况。

凯西通过拍摄一系列充满巧思的视频，比如，自行车撞上莫名其妙的路障的镜头，来调侃纽约根本不适合自行车骑行；再如，连续两年在纽约遇到暴风雪的时候，让朋友开着车拉着自己在纽约市里玩起了滑雪单板等，引爆了网络。

创意无限为凯西带来了一众广告主，梅赛德斯奔驰、J.Crew、NIKE、三星等公司均有聘请凯西制作广告。

凯西所拍摄的"iPod 的肮脏秘密""纽约自行车道""JFK 机场的穆斯林禁令"等视频都体现了他不畏强权的精神。此外，凯西对于公益慈善也很热心，比如，他拿出自己的一部分收入到拉丁美洲国家帮助当地的穷人。所以，如今的凯西·奈斯泰德拥有多个头衔：当红视频主播、旅行家、探险家、慈善家……

03

第 3 章

短视频
霸屏营销

在所有大宗商品里，价值最被低估的，就是一种名叫"注意力"的商品。

是的，注意力也是一种商品。

网络营销，就其本质而言，就是一种注意力炼金术。如何将注意力转化为购买才是"真章"。注意力是商家炼金的最重要原料。

淘宝能够战胜易趣，在于商包的业范式的转变。针对易趣收取会员费的模式，淘宝祭出了免费的大旗。淘宝的盈利点在于出售注意力。

在淘宝开店虽然不要钱，但你不得不购买注意力，才能有客流。比如购买淘宝的"首焦"之类广告位置，就能实现"导流"。各大网络平台对注意力的管理，已经可以像自来水一样收放自如。比如，通过分流、限流等手段量化分配。

　　尽管注意力这种资源价值堪比黄金，却没谁可以彻底垄断。商家各逞其能，使出了"内容导流"等手段，来降低注意力的购买成本。其中更不乏利用人本能的冲动、直觉非理性来攫取注意力，收获"霸屏红利"。

　　从论坛、博客、微博、微信再到短视频平台，"网红"的媒介演变反映了受众思维频率的变化，短视频如何赢得注意力，有不少成功经验可以借鉴。

发掘产品的话题属性

　　苹果公司出品的某款 iPod 播放器，只有口香糖大小，颜色也花花绿绿，像极了口香糖。该项目的产品经理灵机一动，在说明书的最后写了四个字：请勿吞服。

　　这下子引爆了社交媒体，整个网络都在议论这件事，无论是博客、微博，还是视频网站。甚至有杂技演员在视频网站上直播吞服这款播放器。

说明书上短短几个字，却引发了一场大讨论，这如果不是内容营销，什么才是内容营销呢？

崂山"白花蛇草水"是一种被网友称为有"馊了的草席子味"的暗黑饮料，却在互联网世界火了一把。

为了赚取外汇，中国在1962年批准崂山汽水厂出口矿泉水，同时针对东南亚市场需求开发了全新的一款草本饮料——白花蛇草水。

在夏天用白花蛇草泡茶或者加入凉茶中饮用，是中国两广、福建、港澳，以及新加坡华人的习惯。

这款饮料中还加入了车叶草、鸡屎藤等中药成分。因此，直到2013年，国家卫计委才同意白花蛇草水可以作为普通饮料向全国销售。

"史上最难喝"成为关于这款饮料最具共鸣的"饮后感"。随着这个话题在网络上被引爆，崂山矿泉水公司也因势利导，顺水推舟，将这个话题推向一个新的热度。更多的顾客开始关注这款饮料，带着好奇与挑战的心态尝试这款饮料。

用"自黑"赢得关注

自嘲自黑，甚至成为许多大品牌增强亲和力的营销方式。特别对于年轻人来说，太庄重的宣传方式，总会让他们感觉与自己隔了些什么，容易让人敬而远之。

Kindle 本来是作为电子阅读器而闻名。对于读者来说，Kindle 刚买来时，还能兴致勃勃地看下去，但有些人把 Kindle 买回来后不怎么看书，而是在吃泡面的时候，盖在泡面上面。做泡面的盖子，这就成了一部分 Kindle 的主要用途，"泡面梗"这一段子也在网络流行开来。

Kindle 似乎也顺势而为，主动打出"盖 Kindle，面更香"的自嘲短视频，大大方方地承认自家产品还有泡面的特殊功能。

自黑不但不会冒犯他人，还会赢得好感。

艾克里里在成为"网红"之前，就是一位时尚博主，也是一位模特兼摄影师。真正让他火遍全网的是 2016 年的一则短视频，艾克里里用马克笔挑战"小学生化妆大赛"，并创造了一系列怪咖妆容视频，从而在网络上受到关注，成为一名网红。

当年的事情，最初是几个小学生上传了其化妆的短视频，由于效果千奇百怪而引发了众多用户的关注，而艾克里里也是借着这个热点，推出了一个化妆短视频，而其使用的工具却不是化妆品，而是马克笔。最终呈现的效果也让观众看了忍俊不禁，艾克里里从而一夜走红。

艾克里里通过这种方法成为搞笑视频的"网红"，这种"自黑"也成为他的标签。在很多人的印象中，他就是一个神经大条、搞笑放纵的时尚主播。

艾克里里之后推出的一系列短视频作品中，依旧使用马克笔等奇特的用具打造夸张的妆容，更是将"自黑"这个标签发挥到了极致。

艾克里里对于时尚这个行业有着深刻的见解。艾克里里打造的马克笔妆容并不是在脸上随意乱画的，而是每一部分都可以在国际名模的 T 台妆容上找到来源。结合已有的时尚资源，艾克里里通过另一种方法，在短视频中表现了他对于时尚的看法。

艾克里里通过打造"丑妆"，向用户展示，丑没有一定的形式，那么美也同样不需要都是相似的。

自黑既能树立亲民形象，迅速拉近和年轻人之间的距离，还能吸引网民的关注，引发讨论。

用宠物吸引人

广告学中有所谓的"3B"原则，就是 Beauty（美女）、Beast（动物）、Baby（儿童）。也就是说，广告中使用美女、动物和儿童，可以提高广告的吸引力。

如果你没有美女的颜值、幼儿的萌态，你还可以用宠物为自己加分。回忆专用小马甲是微博上一个知名的宠物博主。他的微博大多与宠物萨摩耶"妞妞"和折耳猫"端午"有关。

回忆专用小马甲最初是该博主建来回忆前女友的，后来在养了"妞妞"之后逐渐在微博上拥有了一定的人气。

而当他将"端午"接回了家，拥有了一猫一狗后，人气才逐渐到达了巅峰，截止到 2018 年 1 月，他已经拥有了超过 2 900 万名粉丝。

回忆专用小马甲在最初能吸引到一批早期用户，主要是抓住了用户对小动物抱有爱心这一点。人喜爱小动物是其内心的一种真实的反映。他们可以在小动物身上寄托自己的情感，获得一定的慰藉，缓解自己的压力。而在现实生活中很多用户由于住房的原因或者身体的原因不能真的养猫养狗，回忆专用小马甲这种时常会放出可爱猫狗照片的博主就成了这种用户的心灵寄托。同时他还经常在其他知名博主下面留言，进行社交媒体互动，从而大大增添了曝光率。

微博上发布萌宠照片的博主数不胜数，回忆专用小马甲能从中脱颖而出是因为他有其独特之处。回忆专用小马甲不仅仅是单纯地放出萌宠的照片，还会为其增添背后的故事，这样就逐渐打造出了一个品牌，使得他的粉丝一提到萨摩耶就会想到"妞妞"，一提到折耳猫就会想到"端午"。回忆专用小马甲的粉丝多为年轻的女性，针对这部分用户群体，他还会时不时更新一些对前女友的回忆以及对情感的体悟，这些内容恰好是年轻女性心理所需求的，这种方法大大增强了粉丝的黏性。

回忆专用小马甲的微博更新频繁，最高频率的时候一天能有五六条之多，如此高的更新频率令他的粉丝养成了习惯，每天都要去他的微博看看"妞妞"和"端午"怎么样了，提高了粉丝的活跃度。等到后期粉丝热情逐渐褪去的时候，他又开始每天在微博上发布一些关于萌宠的短视频，重新引起粉丝的兴趣，保证了热度。

回忆专用小马甲的成功案例可以体现出短视频团队在初期进行网络营销时需要使用的种种方法，具有很强的代表性。回忆专用小马甲在初期获取第一批粉丝的时候，经常去热门微博下面留言，和其他"大V"博主互动，以社交媒体互动转发的形式获得用户的关注。他还经常发布有关热点话题的作品，快速提升热度。

对立也是一种营销手段

许知远采访马东，把他自己推向了舆论的浪尖。不是因为内容猎奇，而是因为许知远和马东观点的冲突。许知远抱着自己身为传统知识分子的孤傲批判时代，批判网络。

嬉皮士装扮的许知远，表现得与网络刻意保持距离。所以，有人说许知远是"不在网络现场"的，是"过时"的。说这话的人要么无知，要么故意撒谎。

许知远是最早接触互联网内容创业的人，可以说是一位老网红。他对新媒体的积极参与，超越了任何一个网红。

20 世纪 90 年代末第一次互联网浪潮之际，许知远就曾经为 ELONG 网搭建了文艺板块，较早地参与了互联网内容的操作。

事实上，许知远一直在运营着一个新媒体团队，名字好像叫"微在"。很长一段时间里，都是单向街编辑部在运营"微在"的内容。这个早期主打萌宠等图片信息的清单体新媒体，胃口不小，一度要做中国版的 Buzzfeed。

许知远身上最值钱的是什么？

答案是：纸媒时代知识精英的形象。

用流行语说，就是旧式知识分子的"人设"。

这种人设是必须一再强化，不能崩塌的。因为许知远就是他的"单向街"书店的形象代言人。许知远的这个身份塑造，为他带来了极大便利。

这个人设不但为他吸引来了风险投资商，也使很多购物中心愿意给单向街书店租金优惠。所以，在传统书店风雨飘摇的互联网时代，单向街书店反而能活得不错。

明明是网红，非要说自己是守旧的知识分子；正如明明是便利店，却非要叫自己"新零售"。

制造刻意的对立，只为起到一种营销的效果。

比如这本书，你可以说它是纸媒时代的遗物，是被革命的对象。事实上，这本书很快就会有网络版、数字阅读版本。就算没有互联网传播，你如果觉得它对你有启发，也可以拿起手机，加作者的微信、微博。我会在我的社交媒体中与您互动，发表这本书的勘误信息——写这本书用了我大约两周时间，错误是难免的。我也会随时发表即兴的感悟，与您碰撞灵感。互联网时代的内容制造者与互联网诞生之前的内容制造者，并没有本质区别。

再如广场舞，好像是大爷大妈们的天下。但是，可以预言，将来网红们会占领广场舞的地盘。网红们会一边表演，一边直播，旁边还竖个二维码牌子，欢迎你加微信关注。很多事物，本来没有对立，刻意的对立只是迎合了我们大脑爱走捷径的习惯，这样也更容易区分受众。

另辟蹊径的幽默

万合天宜是由范钧、柏忠春和叫兽易小星于 2012 年共同创立的新媒体视频团队。团队签约艺人包括：叫兽易小星、白客、老湿、刘循子墨、葛布、至尊玉、柯达等。

2012 年出品的迷你剧《万万没想到》《报告老板》点击量破 20 亿次，脱口秀《不吐不快》也大受欢迎，一举奠定了其互联网视频内容的头牌地位。《万万没想到》《报告老板》这两个系列的短视频，都是采取每期一个新主题、每周定时更新的方式，从而做到始终保持用户的活跃度。

万合天宜的短视频作品内容多以搞笑为主，以当时的热点话题作为背景创作出脚本，然后演员们以搞笑的方式表演出来。

当时流行的一个词语叫"吐槽"，万合天宜正是随着这一顺势，打开了搞笑短视频的大门。

2013 年是选秀节目频出的一年，唱歌、跳舞、演讲等各种技能相关的选秀节目层出不穷，吸引了大批的观众。万合天宜选取这个主题，迎合了当时的社会热点，很快就获得了一定的热度。

在《最强选秀王》中，万合天宜另辟蹊径，表现了当时观众极为不满的一个现象——"卖惨"。《最强选秀王》就是在这样一个背景下制作完成的。这个短视频以非常荒诞的方式表现了几个选手不合逻辑的故意"卖惨"，而评委出于各种考虑，不仅没有揭穿还参与共谋，假装被感动，揭示了当时娱乐圈的怪现象。

万合天宜的作品特点之一，广告植入的技巧，让观众猝不及防，创意堪称教科书级别。

大多数受欢迎的视频创作者都拥有忠诚的、信任他的观众。

众所周知，李子柒是通过国外的 YouTube 平台火起来的。其实，很多小企业也在尝试通过 YouTube 进行短视频营销，实现品牌出海。

网上有一则名为"超级滑轮宝宝"的视频广告。它在 YouTube 网站上被转载了超过 5 000 万次。

广告中，一群穿者纸尿裤的宝宝，踩着滑轮玩耍。宝宝们活跃、敏捷地在操场上跳动着，与一首 Hiphop 风格的背景音乐很合拍。

　　这则广告的金主，正是大名鼎鼎的依云矿泉水公司。这段视频成为史上最流行的互联网广告，被载入了吉尼斯世界纪录。

营销过度，适得其反

　　这则广告的制作方是一家法国广告公司，其老板还曾经带着这个案例来中国宣讲成功经验。

　　然而，没有任何证据表明，这则广告带动了依云矿泉水的销量。在播放后的三个季度里，依云矿泉水公司反而失去了 25% 的市场份额。

　　对此，两位美国营销专家给出的解释是，这则广告并没有与依云矿泉水建立"内在的关联"。也就是说，你把广告里面的依云矿泉水换成任何其他品牌的矿泉水都毫无违和感。其实，这个解释非常牵强。

　　伪营销专家们仅仅靠花拳绣腿的噱头，是抓不住问题本质的。

　　一般来说，越是奢侈的商品，其营销手段越是"矜持"。比如一些奢侈品会赞助艺术活动，进行各种公关活动，但对于打广告很谨慎。对于网络营销，更是慎重。

像可口可乐这种饮料，利润已经非常低了。10 元钱可以买一大桶。这种大众快消品，走薄利多销曝光率高路线，广告越接地气越好。

就全球市场而言，依云走的是奢侈品路线，定价偏高，价格是商业自来水的 1 000 倍。

奢侈品和大众日用品的营销策略是不同的，它是要"接天气"的。

你一边标榜它是皇室御用矿泉水，一边用"接地气"的网络广告撩拨大众都过来买，这是一种分裂，也是一种贪婪。

甘蔗哪有两头甜？世上有哪种商品利润极高，又覆盖客户群极广？奢侈品走高曝光率路线，会失去自己的"基本盘"——原有的客户眼看这种奢侈品成了"大路货"，就会将它抛弃。

一些网络营销策划人最大的问题，不是创意不足，而是创意过剩，滥用客户的品牌资源，来抖自己的机灵，其实是在磨损客户的品牌价值。

04

短视频与
内容电商

近年来电商平台也开始向内容靠拢，例如内容电商平台小红书，是靠图文崛起的，那么短视频作为内容电商的主要形式，是否可行？不少有识之士都做了尝试。

什么是内容电商？简单来说，内容电商即通过优质内容吸引目标粉丝群体，并根据粉丝需求提供个性化、定制化产品或服务，推动粉丝转化为最终消费者的行为。

各种知识类、生活类、美妆类短视频创作者，已经有了很成熟的变现模式，比如，在视频下端放个网站链接，或者在视频结尾放一个引流广告，以实现用短视频引爆产品的目的。这其实就是所谓的内容电商模式。

"一条""二更"和"淘宝二楼"

短视频正逐渐成为一个广受欢迎的内容形式，承载在其上的短视频内容营销也就火起来了，诸如"一条""二更""日食记"都在做这件事情。

2014 年 9 月，由《外滩画报》前总编徐沪生创立，凭借每天一条优质的原创视频，"一条"很快异军突起，半个月左右，粉丝数破百万名。

按照徐沪生的说法，他并未把"一条"定位为一家纯粹的内容公司，而是一家披着内容外衣的电商公司。

很多人都在谈"消费升级"，但究竟是哪些人在升级？徐沪生把一条的目标客户定位在中国的"中产阶级"。但是，什么是中产阶级，有多少，几乎没有标准。

徐沪生说："一条瞄准的不是'95 后''00 后'，或者潮流人群，而是相对更成熟的人群，人只要品位到了一定程度，职业发展到了一定的程度，就一定需要看优质的内容，消费优质的商品，而不仅仅是便宜的海淘货。中国那么大，这个人群总有几千万吧，这部分高端消费又是覆盖一切生活领域的，这是一个巨大无比的市场。"

一条拥有短视频平台、电商平台和线下店，是一家综合了媒体、电商和新零售的公司。单就内容而言，它更像一个短视频杂志，目的就是商业、产品。不用 UGC（用户贡献内容），而是自己的团队制作，自己做内容分发。就零售形式而言，它就是一家典型的新零售企业。

对于一家电商公司来说，有三个指标最为关键：流量成本、销售转化率、复购率。

很多号称瞄准"消费升级""设计师产品"的电商平台，它们的流量成本太贵了，一条一家有了 2 000 万名粉丝，流量已经不是成本，而是需要好好服务这个消费群体就好。一条做的是生活美学，所有的内容背后都有一个"物"：一个设计、一个作品，或一个空间。在用户心里，一条的定位已经给了信用背书，一条就意味着格调和品质。这让销售转化率也就相对有了保证。之于复购率，也就是如何留住客户，除了靠愉快的购物体验，还要靠内容，靠优质的生活方式内容。

目前，一条已获得 C+ 轮融资，估值 5 亿美元，由京东、东博资本领投，老股东挚信资本追投。

"二更"是一个短视频内容平台，是杭州二更网络科技有限公司旗下网站，依托二更品牌影响力、内容原创力和渠道整合力，为广大影视创作人、品牌企业等提供视频内容创作、商业项目对接。

二更作为一个短视频平台，涉及多个领域，如影音、访谈、纪录片、商业片。二更的调性比较清新，以人和事件为主，但是选取的对象都是从用户身边容易被忽视的角落入手，以微纪录片的形式展现出来。

比如，会拍摄身边看似不起眼儿的一些人物相关，街边小店的店主、在街上擦肩而过的老人，他们中的每一个都有着自己独特的故事。这就需要拍摄者以一个独特的切入角度，发现其他人发现不了的事情，并将其拍摄出来。

二更已经创建了二更文化、二更娱乐、二更生活、二更财经四个主频道，每个主频道下面还分设多个小的栏目，力图能够从方方面面满足用户的需求。

"淘宝二楼"是淘宝的一个短视频内容营销频道，阿里巴巴集团希望通过短视频营销这种形式，让消费者看见那些被忽视的好东西。"淘宝二楼"所开展的短视频营销活动，有夜间 10 点上线的《一千零一夜》《夜操场》等短剧，促进了许多"小众"商家的销量。在《一千零一夜》的第一集《鲅鱼饺子》推出后的 12 小时，鲅鱼水饺的销量翻了 150 倍。

在中国的互联网上，好的内容是被淹没的，好的产品也一样是被淹没的，用户根本找不到它们。

短视频内容电商的探索

相比图文而言，短视频对一件商品的展示会显得更加直观，更能"种草"，即激发人们的购买欲。在短视频浪潮的推动下，内容电商已经成为当前短视频行业的一大趋势，很多创业者也跃跃欲试。

短视频平台"美拍"也为粉丝数超过 10 万人的视频达人推出了"边看边买"这个功能，用户在观看短视频的过程中，就可以对达人推荐的商品进行下单操作，这样就打破了传统的电商模式，简化了用户在过程中所需的操作，可以提高购买效率，从而达到促进用户消费的目的。

秀兜公司成立于 2015 年底，创始人权东雄是一位极客，也是一位互联网连续创业者，曾经是中国最大的 bt 下载网站——bt 之家的创始人，还做过垂直电商相关创业项目，是一名互联网老兵。基于以往积累的经验，权东雄就想到创建世界上第一个视频交易社区，用视频的方式改变人们的购物习惯，增加商品的转化率。

不过，内容和电商之间本来就很难达到完美协调，所以，短视频电商类的 App 容易陷入这样一种尴尬：短视频流量比不上抖音和快手，电商购物又比不上淘宝、京东、天猫这样的平台。所以，只能要么选择小众路线，要么倒闭。

最初，秀兜是作为一个全品类平台面世的，但发现这样行不通。随后，调整方向，选择垂直细分的科技产品作为突破口。

秀兜给自己的定位是：打造黑科技视频社交平台，科技发烧友的最佳聚集地。

秀兜在百度百科的简介如下：全球首款移动视频购物平台，打破卖家以一对多的传统经营模式，借助与社交平台的交互，通过多对多的传播形式，形成销售网络，让更多的圈子能够看到商家所发布的商品。

秀兜的板块分类大多与科技、数码相关。秀兜 App 还为最科技前沿信息与产品，度身定做了相关话题栏目。相比传统的图片展示方式，运用视频观看起来更加轻松。

秀兜是一个有社交属性的平台，用户在平台上不仅仅是观看科技相关的短视频内容，还可以将自己的所见所感与其他用户分享、讨论。所以秀兜一经推出就成了广大科技爱好者和极客的聚集地。

除了用户自发上传的短视频之外，秀兜还引入了专业的短视频团队以及知名媒体人，从专业角度优化短视频内容质量。

秀兜采用了"佣金"与"分销客"的推广模式，鼓励用户在第三方平台上分享与转发。佣金由商家自行设置，最高不能超过商品销售价格的50%，当用户对该商品的短视频进行分享与转发以后，如果其顺利卖出，用户也会得到相应的那部分佣金。在这个过程中，用户也就成为分销客。

弹幕营销

"弹幕"这个词可以理解为"字幕像子弹一样飞"。

雷军、罗永浩都曾借助直播平台亲自卖自己的产品，并且对网友的弹幕提问进行了开放式回答。

如今则衍生为用户在观看网络视频时将自己的评论文字直接发送到屏幕上的互动方式，用炮弹一样的评论或吐槽充斥屏幕。弹幕视频起源于日本的 NICONICO，弹幕视频网站甚至渗透日本重大政坛辩论直播中：不同党派候选人的政治立场激辩网络直播被用到了 NICONICO 上，人们对不同政治家的表现进行即时评价。而 AcFun(俗称 A 站) 和 Bilibili(俗称 B 站) 则是国内目前最主流的两家弹幕视频网站。

弹幕的兴起，可归结为即时归属感与二次创作成就感。

弹幕的实质是一个社交平台，"90 后"用户是弹幕的热衷者。

因为评论的即时性和随心性，用户将更深地感受到"同步"的快感。这种"同步"的快感满足了用户的社交欲，拉近彼此之间的距离。弹幕的出现为视频的"二次创作"提供了大量空间，不需专业的技能储备，只要敢于吐槽与戏谑，就能成为视频的二次创作者。

开启弹幕功能，看视频时会出现各种吐槽、灌水内容，当然也有广告。"物以类聚，人以群分"，弹幕可以实现精准营销，视频的类型基本上能决定观众的兴趣点，例如在韩剧的弹幕中营销剧中人物的"淘宝同款"以及剧中人物所用的物品，都能够达到精准营销的目的，而且作为明星和偶像剧的粉丝观众会欣然接受，不会因为广告而引起他们的反感。

利用社交媒体分发内容

所谓社交媒体，指的是带有社交功能和属性的媒体，是一种给予用户极大参与空间的新型在线媒体，是根植于用户之间的交流、分享、传播的社交网络平台，是给予了用户一定空间和可支配度的在线媒体，比如微博、微信、Facebook、Twitter 等。

互动转发，常常运用在微博等社交媒体平台，短视频团队通过这种方式可以提升作品的传播速度。

最早尝试将短视频同电商结合，打通内容与消费渠道的，是一些社交媒体上的网红。比如，快手视频中依靠工地健身视频火起来的"搬砖小伟"，他在个人页面放上了一个微信公众号，通过微商导购运动鞋来实现内容变现。

张沫凡，创业者，也是微博上的一个知名"网红"博主。2010 年，21 岁的她成了新国货互联网美妆品牌"美沫·艾莫尔"创始人。2013 年，她察觉博客不行了，于是正式运营微博。在微博上主要发一些美妆教程以及日常情感类的动态，吸引了一批粉丝。后来，她又发现微博图文的阅读转发不如短视频，她便开始短视频创作，2015 年 8 月，张沫凡拍摄作品《关于过期爱情与渣男给我的启发》，正式涉足短视频。

2015 年 10 月，张沫凡上传了一则自嘲失败爱情的《失恋过吗》短视频，该短视频被微博上很多知名账号转发。这则短视频自此爆红，收获 14 万次转发 +13 万个赞。2015 年底，粉丝超过 200 万人。有很多网友纷纷在她的微博下讲述自己的故事，张沫凡也会选择有代表性的评论予以回复、互动。

　　自此，张沫凡经常录一些穿搭类、美妆类短视频，分享自己的心得。张沫凡的带货能力也很强，她的"每周一穿搭"系列每一期上传都会得到很好的反响，进而带来很高的成交额。

　　对于社交媒体，张沫凡有自己的独到见解："对于一个网红来说，应对平台非常了解，你要知道每一个平台的作用到底是什么。比如说抖音流量曝光非常大，但是属于内容分发型的，一定要把内容做好，但是光有抖音曝光流量不足以让别人记住你，因为抖音和用户黏性没有那么强，是和平台黏性很强，这个时候我们怎样让他们和用户黏性强，可能要跳转到下一个平台，就是微博。微博是私域流量平台比较重，公域也有，主要在热搜榜，这个时候我们在微博要做好私域流量。"

　　2016 年之后，由于"张沫凡"个人 IP 在各个渠道积攒下来近千万名粉丝，2017 年逆市做到了近 1.5 亿元的业绩，被业内所熟知。2017 年 6 月 16 日，由微博主办的 2017 超级红人节颁奖晚会，张沫凡获得压轴大奖"最具商业价值红人奖"。

在社交媒体平台进行营销，首先要有一个优秀的创意短视频，引起广泛的关注，引爆话题后，还要趁热打铁、乘胜追击。

哪些产品容易出"爆款"

大多数的营销人员对观众浏览短视频之后的行为抱有过高期望。一些研究机构预估有 10% 至 20% 的观众在浏览过视频之后会访问网站或购买产品。而事实上，只有很少一部分人（2% 到 10%）会立即购买。短视频营销并不意味着能够销售任何东西。消费者或许会看到你的视频，但这并不意味着他们就会访问你的网站并购买产品。

当然，你也可以选择销售一些爆款产品，以提升转化率。从观看视频到访问网站的转化率高的产品，具有一些共性。正是这些共性的综合影响，打造出了短视频营销的爆款商品。

1. 好玩的产品容易卖

因为短视频的泛娱乐型，所以好玩的产品往往转化率高。

那些有创意、有趣、好玩的产品，非常契合短视频平台的泛娱乐属性。

比如在抖音爆火的产品珀莱雅泡泡面膜。这款产品的特点是面膜贴在脸上大概 1 分钟，小泡泡就会开始冒出来，冒泡过程中还伴有类似"跳跳糖"的声。

再回想抖音曾经热销过的产品，比如青蛙吃糖、拯救企鹅、唱歌的向日葵、双人砸脸器、小心恶狗、手表遥控车、妖娆花、小猪佩奇手表、蜘蛛侠车载玩偶、喷钱水枪、情侣手模……基本都符合有趣、好玩、创意这一特征。

还有可以吃的 iPhone X，包装盒里面装的不是苹果手机，而是巧克力，送给朋友时，打开盒子的体验感从惊喜到失望，让人觉得有趣，这样的商品就是自带创意，自带恶搞、好玩的属性，所以很容易地就成为抖音爆款。

2. 不贵的产品容易卖

物美价廉是颠扑不破的畅销真理。那些"买不了吃亏，买不了上当"的产品，让人更容易下决心去购买。

抖音上爆火的产品价格区间为 10～50 元的商品上榜次数最多。"66% 的商品单价低于 100 元",可见百元以下的商品对用户来说决策成本较低,更容易被种草,完成购买。

抖音上卖红酒、牛肉爆火的"正善牛肉哥",主页介绍里有这么一句话:"找到源头,把价格打下来。"这句话也是在他每一个视频里经常用到的。

3. 实用、解决痛点的产品容易卖

还有一种产品类型容易在短视频平台大卖,就实用性较高,可以解决用户痛点的产品。

比如自拍杆手机壳,充当手机壳的同时还可以变形为自拍杆,解决了人们不便于随身携带自拍杆的痛点。

比如切菜神器,解决了年轻人下厨刀工不熟练的问题,妈妈再也不用担心我切菜伤到手了。

此外,还有磁吸数据线、防偷窥钢化膜、折叠洗菜篮等,都解决了用户的痛点。

借助网红或达人的影响力

点击率最高的视频网红往往才华横溢，他们拥有的观众群甚至超过了大多数电视节目。

与最早出现的广播电视明星一样，视频网红往往拥有忠实的观众群，其中既包括早期的视频观看者，也包括视频观看量呈指数快速增长的主流观众。

不过，与电影或电视明星不同的是，视频网红大多通过社交媒体与观众保持着良好的个人联系，观众们也大多会通过各类在线视频网站、社交媒体等与视频网红取得互动。

网红或达人本身自有的影响力，也是一种资源。可以借助这种影响力为一个内容发布者做推荐，从而将他的粉丝引流过来。现在有很多网红公司都是以这种方式来进行营销，在他们捧红了一个短视频主播后就会令其与该公司新人互动，从而带动新人人气，快速获取第一批用户。

心理学上将这种现象称为"名人效应"，即名人会引起他人注意并扩大影响的一种心理现象的统称。用户通过名人的信用背书会获得一种天然的信任感，起到一种"名人效应"的效果。

Papitube 是 papi 酱所发起的一个创意视频平台，截止到 2017 年底，已经签约了 30 名短视频创作者。Papitube 就是一个通过网红信用背书来快速提升知名度的平台，其签约的短视频创作者有很多在之前大多没有什么名气。

通常，企业在进行短视频营销时，常规的操作就是开通自己的账号，并把自营内容在全渠道分发。希望通过社交媒体推广产品或服务的企业，不一定非要从零做起，可以自己"养"一些账号再去做短视频营销，也可以直接与成功的短视频创作者（网红、达人）合作，价格其实是可以商议的。

明智的品牌会选择与知名互联网或在线视频网红直接联系。那些视频创建者往往拥有较大的用户群和影迷，并且乐于接受赞助。那些已经拥有大量粉丝的创作者们，对于在短视频营销活动里起作用的因素和不起作用的因素非常了解。这样的视频创作者会策略性地将产品植入视频，使视频看起来不那么商业化，并且更加真实。

短视频平台都是带有社交属性的，网红与达人们创作的内容，是从兴趣作为切入点的，对粉丝具有情感属性，也更具有带货效力，更能实现目标客户的精准转化。

第 5 章

短视频广告的
"软植入"

广告植入，是短视频营销的最常见模式。有些广告沿用传统贴片广告方式。所谓贴片广告，主要是指在视频片头、片尾或者中间插播的广告，还包括视频背景的广告。这种广告覆盖范围广，曝光度高，但都过于简单粗暴、直白露骨，容易令观众产生不好的体验。特别是对于短视频来说，有些短视频才 15 秒，广告却 20 秒，这简直是在广告中植入内容。

因此，相对于硬性广告，"软植入"对于短视频来说是更好的广告植入模式。

深度定制

有一种广告植入形式是专门为广告主深度定制内容，其内容本身就是广告。比如，著名的短视频博主 papi 酱曾经发布过有关英语学习的视频——专门为哒哒英语深度定制了软植入广告。papi 酱模拟了不同风格的英语老师，然后将哒哒英语的品牌植入视频之中，这是一种比较不令人反感的软植入。

这种深度植入，即将广告品牌或产品信息巧妙融入视频台词中，从而达到广告植入的目的，可谓由来已久。

《速度与激情 8》中，有个深度植入剧情的品牌也给观众留下了深刻印象——科罗娜（Corona）。这个墨西哥啤酒品牌在第一部就出现了。主角 Dom 在迎接 Brian 的时候，直截了当地告诉他："你可以喝任何啤酒，只要是科罗娜"（You can have any brew you want.As long as it's a Corona）。据该片导演透露，在《速度与激情》筹备初期的 20 世纪 90 年代末，并没有多少人看好它，因此双方只草签了一个含糊其词的交易协议。"我们免费得到了一些啤酒，并在电影中使用品牌的名字。类似科罗娜这样的植入，可以直白地将品牌、地位、用途等信息告诉观众。再如，在《阿甘正传》中，一句主人公喃喃自语的台词："见美国总统最美的几件事之一是可以畅饮'彭泉汽水'。"

可口可乐历史上最伟大的 CEO 郭思达先生，最明智的一项决策之一，就是投资哥伦比亚电影公司。

1982 年，郭思达收购哥伦比亚电影公司时，动用了 7.5 亿美元，这让所有人都大跌眼镜，因为这相当于哥伦比亚公司股票市值的两倍。

这也太不靠谱了，一家饮料公司怎么会懂得制作电影呢？其实，郭思达有自己的打算。但这并不是说郭思达想借此跻身娱乐圈，而是为了公司的长远发展考虑。

早在 1929 年经济大萧条的时候，可口可乐公司就尝试过电影植入式广告的做法。但郭思达先生认为，和电影公司合作，要看别人的脸色，索性自己买一家电影公司吧！

这样就可以在电影里面随意植入可口可乐的广告了。于是，郭思达先生坚持收购哥伦比亚影业。

一年后，哥伦比亚公司为可口可乐带来了 9 000 万美元的利润。于是，电影也成为可口可乐重要的宣传阵地。在哥伦比亚公司出品的电影中，俊男靓女喝的都是可口可乐，电影中的英雄人物更会喝可口可乐，可口可乐就是"强"的代名词。

与此形成鲜明对比的是，每当电影中出现消极情节的时候，百事可乐就会出现。而且电影中的坏蛋才会喝百事可乐。

七年之后，哥伦比亚电影公司没有了利用价值。于是，郭思达考虑把它卖给索尼映画，索尼为了获得控股权付出了 48 亿美元。

广告商将从干扰向娱乐转变

传统的电视节目中出现广告是非常烦人的，营销人员不得不考虑到观众掌握着观看视频的主动权的现实。一则持续 30 秒或 5 分钟的短视频对他们的影响甚微。此外，如果广告打扰了消费者的观看体验，那么很有可能会引起消费者不悦。

只有当观看自己订阅的视频内容时，对于广告我们反而会乐于接受。

　　当消费者趴在计算机前或是手持移动设备时，他们对不相关广告的兴趣就会进一步降低。广告——比如延缓观众访问观看喜爱的视频内容的前置广告——或许还稍微能让人接受，同时少量提升观众对产品的认知。然而，不管怎么说，这样的品牌已经在不知不觉中给消费者带来了不好的感觉，我们只能很抱歉地说，这将不会带来可持续的销售。

　　从另一个角度看，当最喜爱的视频节目看到一半时，突然冒出"感谢我们的赞助商"这样的信息，那么，考虑一下观众此刻的反应。这种情况下，企业就成为观众心目中的英雄，因为正是它带给了观众如此美妙的视觉体验，并且赋予了视频创作者工作的机会。

　　在短期内，大部分视频内容还不需要我们为此付出费用，因此，大多数人也能够容忍广告商对视频的赞助。我期待的是，广告产业能够朝着不断满足消费者需求和喜好的方向发展和演变。

赞助商要给创作者自由的空间

沙伊·巴特勒是一位宗教徒，20 多岁时已为人夫和人父。在他启动自己的 YouTube 频道之前，他还是过去爱达荷州广播电台一位小有名气的 "蓝领工人"。

巴特勒回忆道："当时我 27 岁，已婚并育有三个孩子，我差不多遇到了中年危机。我真是遇到了中年危机吗？" "难道这就是我的生活？我是一名花岗岩抛光师，同时也是一位音乐唱片节目的主持人。不过，有一天我在 YouTube 上看到了菲利普·德弗兰克，然后心里想……我觉得我也可以这样做！"

于是，沙伊·巴特勒发布一些喜剧视频，通过提供广告位和视屏平台共享营收。巴特勒第一次收到来自 YouTube 的支票，面值为 350 美元。巴特勒称："最初没有想到会赚钱，第一次查账时还不到 500 美元。"他当时欢呼雀跃："哇……他们居然会因为我在摄像方面的爱好而付钱。"

随着巴特勒的走红，他很快获得了大量粉丝。为了推出日常视频博客，巴特勒、他的妻子凯蒂以及他们的四个孩子暂时搬到了加利福尼亚州的威尼斯海滩。他经常往返于爱达荷州与加利福尼亚州，因为他参加了一个名为"The Station"的 YouTube 合作网络。

对于未来，巴特勒觉得，应该要以某种方式不断发展自我或者重新塑造自我。

"我一直以来都比较喜欢做一些荒谬的事情，比如将胡子蓄到令人难以置信的长度。如此看来，我似乎一直在做一些能引发人们兴趣的事情。不管任何事情，都绝不能停滞不前，必须有一些令人期待的东西。以我的家庭为例，下一件大事就是另一个孩子的降临。"

巴特勒正经营着网站、出售 T 恤，也有许多人试着将他的视频登上电视节目。

真实的答案是，巴特勒至今仍然不敢相信梦想成真了。感觉这一切有可能在任何一天结束，自己又将回去从事花岗岩抛光的工作。

巴特勒希望所有的一切能够继续下去，因为他喜欢这份工作，因为名利双收的感觉真的是太美妙了。巴特勒说："这让我想起了奥斯卡颁奖典礼上的一些陈词滥调，我听说，据统计有 98% 的人都讨厌自己的工作……我觉得，我是这个世界上最幸运的人之一。"

对于其他的视频创作者，巴特勒的建议是：做自己喜欢的事情，有那么多事情可以让你去做。去与那些活跃在视频平台上的人们交朋友吧。举个例子，他刚开始做短视频时，只拥有 10 万个粉丝。正是通过与其他网红的合作，粉丝数差不多翻了两番。

对于短视频营销的合作商家，巴特勒希望赞助商能够多关注个性化的内容创作者，并允许视频创作者们拥有一定的主动权。巴特勒的团队曾经成功为客户制作了 "Flash Mob" 的爆款视频，巴特勒认为，主要还是因为赞助商给予了自己充分自由的空间。

诠释你的品牌调性

Lee 是一个有着悠久历史的知名牛仔品牌，被誉为世界三大牛仔裤品牌之一。品牌成立于 1889 年，由 H.D.Lee Mercantile 公司在美国堪萨斯州创立。第二次世界大战之后，Lee 随着它的狂野西部牛仔裤形象的成功，伸展至东岸城市，蔓延全美国。

2013 年，为树立时尚、探索、不羁的品牌形象，Lee 在大中华区选择香港知名导演叶念琛拍摄了《好奇不灭》的微电影，来植入 Lee 这个牛仔品牌。

《好奇不灭》微电影短视频，以"好奇"作为主线索，表现了几个年轻人之间动人的爱情故事。在《好奇不灭》这部微电影中，导演做出了大胆的创新。五个看似独立的故事，每个故事所影射的都是当今年轻用户在都市生活中会遇到的现实问题。

其创新之处在于，这五个故事的人物关系其实都各有交叉。Lee 所传达的同样是时尚、探索、不羁的品牌理念。Lee 旨在推崇一种不墨守成规的生活态度，希望帮助目标受众重新唤醒那个曾经满怀理想，对生活葆有激情，充满好奇的自己。

《好奇不灭》中所有演员的服装都是由 Lee 的工作人员精心搭配，为了配合宣传推广效果，Lee 在短视频发布的同时，还专门在其官方微博上做了服装解析，引领时尚潮流。通过短视频，把 Lee 品牌与人生态度相结合，鼓励年轻人看到自己，变得自信。

下面再讲一下前面提到的科罗娜（Corona）啤酒。

科罗娜啤酒凭借其独特的透明瓶包装以及饮用时添加青柠的特别风味，已经成为世界第六大最具价值的啤酒品牌。

"墨西哥小清新"科罗娜有着独特产品标签，其之所以能在"70 后""80 后"人群中享有盛誉，在线下酒吧成为超高端品牌的代表，就是因为此前所打造的"自由、轻松"的文化意味。

作为百威英博旗下的高端啤酒组合中的一员，近年来，科罗娜啤酒一直以标新立异的营销活动吸引着众多年轻的消费群体。

"亲爱的，好久不见"是 2017 年初在朋友圈被疯传的一部短视频。讲的是三个都会弹吉他写歌的年轻人，平日里在大都市的各个角落里努力奋斗，当 2017 年的新年来临的时刻，他们又得以重聚，一起重温老友情，共饮百威科罗娜的故事。

它摒弃了往常惯用的以球赛或者酒吧等为背景的方法，

采用了"友谊"这个主题，巧妙地将科罗娜"就为这一刻"的口号植入了视频。

科罗娜一直都致力于营造一种"轻松、自在、放松"的氛围和环境，这则短视频非常契合科罗娜在全球的统一品牌调性。

霸屏只是手段，吸客才是目的

在草莽时代，凭借粗暴的广告，产品就可以脱颖而出。

淘宝初创之时，还没什么知名度，卖家都聚集在易趣。那时，马云手握重金，却没有办法在三大门户网站打广告。因为易趣网已经花钱与三大门户签署了排他性协议。淘宝采取的办法是直接发垃圾邮件来挖卖家，说来淘宝可以免费开店。甚至一度通过一些小网站弹出广告来做推广。这种最原始的霸屏手段简单粗暴，却也高效。在那个野蛮生长的时代，几乎所有的著名互联网公司，比如百度、雅虎、3721……都有类似的黑历史。为了吸引用户，腾讯创始人马化腾甚至假装女孩子在 OICQ 上与人聊天。

如今，互联网公司运作已经越来越正规，但霸屏营销的暗战从未熄火。粗暴霸屏的草莽时代已经过去了，成功互联网公司使用的手段也越来越隐蔽，越来越高明。

霸屏和吸客，应该成为一条完整的闭环。

人人都知道"过度营销"是不好的，但不是人人都能理解"过度营销"的坏处。

某小众品牌的手机创始人，在微博上扬扬得意地转发过一组粉丝拍的照片——某女模把该品牌手机放在裸体上摆出各种姿势。这则微博确实收到了霸屏的效果，但也引起了很多人的反感。这位小众品牌手机创始人靠网络营销暴得大名，又因此得以融资跨入手机最早领域。因此，他相信增加曝光率就是好的，凡是营销就是好的。

不少网络广告确实火了，但很可惜，它们没有让品牌受益，甚至削弱了品牌真实的影响力。没有真正吸引到客户，促进商品的销售，这就背离了营销的初衷。

三位一体的大脑

在美国马里兰州有一个"脑进化与行为"实验室，该实验室的主管——神经学专家保罗·麦克里恩提出人类大脑是一个混搭系统,人类颅腔内的脑并非只有一个,而是三个。

他将这三个脑分别称作新皮质脑(新哺乳动物脑)、边缘系统(古哺乳动物脑)、爬行动物脑(脑干和小脑)。

新皮质脑是大脑的脑冠区,几乎将左右脑半球全部囊括在内,还包括了一些皮层下的神经元组群。人类大脑中,新皮质占据了整个脑容量的三分之二,而其他动物种类虽然也有新皮质,但是相对来说很小,少有甚至没有褶皱。

边缘系统包括下丘脑、海马体及杏仁核。它帮助人类判断事物的基本价值(例如,你对某物是持肯定还是否定态度)和特别之处(例如,什么吸引了你的注意力),还有助于人类感知不确定性因素,进行创造性活动。

爬行动物脑又称原始脑或"基础脑",它由脑干(由延髓、脑桥、中脑三部分组成)、小脑及最古老的基底核——苍白球与嗅球组成。

这三个脑作为人类进化不同阶段的产物,按照出现顺序依次覆盖在已有的脑层之上,如同考古遗址一样。每个脑通过神经与其他两个相连,但各自作为独立的系统分别运行，各司其职。

保罗·麦克里恩说这三个脑的运行机制就像"三台互联的生物计算机，每台计算机都有自己的特殊智力、自己的主观性、时间空间概念、自己的记忆、发电机和其他功能"。

保罗·麦克里恩把这一研究范式称为"人脑的三位一体"构造，这已经成为脑科学界一种颇具影响力的理论。

几十年来，风行一时的神经生理学家认为，"新皮质脑"是代表着人脑演化的最高层，控制着其他两个低端脑层。"人脑的三位一体"理论否定了这一说法，这种理论认为，控制情感的"边缘系统"，虽然生理上位于"新皮质脑"之下，但在必要的时候能够干扰甚至阻止"新皮质脑"高阶精神功能的实现。

爬虫脑、猿人脑、智人脑

简言之，演化通常是以在旧系统上不断堆积新系统的方式开展的。

通俗起见，我们姑且将爬行动物脑、边缘系统、新皮质脑分别称为"爬虫脑""猿人脑""智人脑"。

"爬虫脑"控制着身体的肌肉、平衡与自动机能，诸如呼吸与心跳。大脑的这个部分一直保持活跃状态，即使在深度睡眠中也不会休息。爬虫脑无休止地复制着相同的行为方式，从不打算从以前的错误中学习教训。

在爬虫脑操控下，人与蛇、蜥蜴有着相同的行为模式：呆板、偏执、冲动、一成不变、多疑妄想，如同"在记忆里烙下了祖先们在蛮荒时代的生存印记"。

"猿人脑"是产生激情，即特别激动的情感部位。与情感、直觉、哺育、搏斗、逃避以及性行为紧密相关，主管情感系统，这个脑爱恨分明，一件事物要么"宜人"要么"不宜"，没有中间状态。在恶劣的环境中，正是依赖这种简单的"趋利避害"原则，生存才得到保证。

发出价值判断指令的指挥室，往往不是处于更高进化阶段的"智人脑"，而是边缘系统中相对低阶的"猿人脑"。前者产生的想法好不好、正确与否，都由后者来加以判断。

教条、偏执、自卑、对欲望的合理化等行为倾向，都可以在"猿人脑"中找到生物学基础。"猿人脑"中蕴含的

力量如果全部爆发，危险性实在不容小觑。事实上许多治
疗精神疾病的药物都作用在边缘系统上。可能边缘系统能
控制兴奋、恐惧以及多种人类所特有的又往往是难以捉摸
的感情。

"智人脑"，是一种理性脑，它有 160 亿个神经元，在
这里产生最复杂的心智和灵感，如自我意识、语言、解决
问题和抽象思维的能力。

不管三位一体脑模式的功能定位如何引人入胜，这里
仍需强调，如一味坚持认为脑功能的完全分工也是过分简
单化。"猿人脑" 与 "智人脑" 有着千丝万缕的深入连接，
二者联合操控着脑功能的发挥，任何一方都无法独立垄断
人脑运行。

有趣的是，许多带有神秘色彩、年代久远的灵修团体
也宣扬过与此类似的观点，比如 "身、心、灵" 理论，分
别对应着 "爬虫脑""智人脑""猿人脑"，掌控着人的身
体、意识和灵魂。

而弗洛伊德把人的精神状态划分为三种："本我"
（Id）、"自我"（Ego）、"超我"（Superego）。这又使人们联

想起广为流行的三位一体脑的假说。理解这个假说，对短视频霸屏营销很具有指导意义。

因为，视觉比思维更快做出选择。

神经科学研究表明，我们的爬虫脑是对视觉最敏感的。这是因为视觉神经直接与旧脑相连，而且视觉神经的反应速度是听觉神经反应速度的 40 多倍。

当你看到一个东西很像一条蛇时，在新脑（新皮质脑）识别清楚是否是蛇之前，爬虫脑会立即在 2 毫秒内发出危险信号，引起你对该物体的反应。

事实上，存在于大脑皮层的视觉中枢通常需要 500 毫秒来识别这个东西是否真是一条蛇，而神经元间的传导速度在 1 毫秒左右，爬虫脑中视觉神经的处理速度已经接近于神经元的传导速度，这使爬虫脑可以迅速反应。

当然，有时也会显得过于匆忙。当我们看到一个物体像蛇，而爬虫脑没办法来迅速判断是否真的是条蛇时，它会立即控制我们整个身体，并触发远离危险的动作。这种本能的"低路径处理"发生得非常迅速，以至脑的其他高级功能还没来得及被"通知"。当信息"爬行"到脑的新皮层时，智人脑会对形势做出更加复杂的分析，大约 500 毫秒后，智人脑才会做出最终判断。

我们是“用眼球思考的人”

视觉运动偏见，是存在人类身上的一个“bug”。

美国圣塔克拉拉大学的萨凡纳教授，发表的一篇关于眼动追踪的研究报告显示，内容不变，只要调整表格的排列方式，就能严重影响人们的抉择。

萨凡纳请受试者在戴尔网站上选择台式计算机，以此研究现实世界中的情况是否符合这一设想。

多年来，戴尔网站都是按列显示不同的计算机型号，然后按行显示每个型号的属性。

通常，一台台式计算机可能有 12 个不同的属性，包括价格、处理器、显示器、操作系统和保修等。

在实验中，一些受试者被随机分配，根据当前网站的布局挑选一台计算机，而另一些受试者看到的是不同版本的网站布局，即产品型号按行显示，而非属性。

这些不同的布局呈现方式，造成了网站访问者大相径庭的信息处理方式。

当产品型号按行显示后，大部分用户不再那么关注属性，而是花相对更多时间观察产品。当计算机机型按列显示时，受试者会比较不同机型的每个属性，如价格或处理器性能。

有趣的是，受试者最后的选择和他们视线运动的方向有密切的关系，得到越多视觉关注的属性和产品型号，对最后决策产生的影响越大。

这就意味着，如果受试者花很多时间注意价格变量，他们可能对价格更加敏感。反之，如果他们的视觉停留在相对昂贵的机型上的时间越长，就越不关心价格。视觉率先做出了选择。

根植于屏幕眼动过程中的视觉偏见，有一个重要特点：倾向于从一边到另一边的横向运动。科学家推测，这种偏见根植于视网膜的感官属性。因此，水平方向的信息显示时更为突出。

所以，把更有价值的信息，放在视线最可能经过的地方，即远离边缘区域，进行横向呈现，这样可以大大提高这些信息被注意到的可能性。

刺激购买欲的视觉效果

先说结论，屏幕第一印象的决胜点有两个：一个是视觉复杂度；另一个是颜色冲击力。

我们自诩万物之灵长，是理性的动物。然而，数十年的心理学研究已清楚地证明，我们其实是很容易被操纵的。

科学家们早就知道人是依靠无意识处理和第一印象来感知世界的。

在一项被广泛引用的研究中，受试者观看陌生人的脸0.1 秒之后，就对陌生人的性格特征形成了明确的概念，比如他们是否值得相信、是否激进。

在多屏时代中，无意识的大脑所产生的更快判断会使我们受到的影响比平时更大。网络世界是如此视觉化，以至我们很容易就滑入更依靠直觉的思考模式。

研究发现，视觉复杂度高的网站，往往是有着大量文字和链接，以及不对称的页面布局。这种视觉复杂度和视觉吸引力成反比的关系。

　　但也不绝对，就像俗话说的，各花入各眼。麦当劳中国网站充满了信息——迎合了中国人对高视觉复杂度的偏好，而麦当劳德国网站则非常简洁。

　　颜色冲击力是屏幕第一印象的第二个决胜点。Adobe公司列出了一些色彩和与之相符的情绪，下面是一些积极的方面：

　　黑色：精致、力量；

　　白色：干净、精致、纯洁；

　　红色：勇气、激励、力量，也能激发欲望；

　　蓝色：冷静、安定、信任、安全；

　　黄色：乐观、欢乐；

　　绿色：平衡、可持续的增长；

　　紫色：皇权、精神意识、奢华；

　　橙色：友谊、舒适、食物；

　　粉色：平静、女性化、性。

　　然而，颜色的偏好因人而异。研究发现，教育水平与色彩的偏好水平显著相关，有研究生学历的人更喜欢颜色少一些的网站。有趣的是，那些只有高中文凭的人也同样不喜欢太多的颜色。这种差异表明，不同背景、不同年龄的人们喜欢不同类型的网站。

研究还发现，40 岁以上的受试者对视觉上更复杂的网站展现出强烈的偏好。男性喜欢使用灰色或者白色作为背景的网站，而女性则喜欢采用更加均匀的色系和柔和色调的网站。年轻受试者更喜欢采用饱和色和较多图片的网站，而年长者喜欢的是以文字为主、有鲜明特色的多块文字区但色彩饱和度低的网站。

我们要善用色彩、视频、字幕，抓取消费者的注意力。

第6章

第一眼
就抓住观众

广告学大师大卫·奥格威说：如果你能在第一时间以视觉效果吸引观众，你就会有更多的机会留住他们。对于短视频营销而言，这更是一条真理。

很多短视频既能抓人眼球，又能激发起人们的情感。比如 YouTube 网站上有很多小宝宝和宠物的视频。人们会发出惊叹："哇……多可爱的宝宝和宠物啊！"幽默、恐惧、爱国主义、愤怒、激励、敬畏和贪婪在视频界里面唱主角是有原因的。

狩猎者的执念

哈佛大学进化论生物学家丹尼尔·利伯曼认为，人类最初是靠长途奔袭来获取食物。

远古时期，人们利用一种叫作"耐力型捕猎"的方法来捕杀猎物。如今，我们在少数尚未进入农耕时代的社会里依然能够见到这种捕猎法。

生活在南部非洲的布须曼人捕获非洲大羚羊的方法，就类似早期人类的捕猎方法。人类通过捕猎的过程，从一个侧面解释了现代人对商品的依赖性。

在非洲大陆，布须曼人是这样追逐猎物的。他们先引开一只身形硕大的公羚羊，让它脱离大部队。公羚羊头部长有笨重的羚羊角，这使得它无法像母羚羊一样灵活地奔跑。接着，一名布须曼人狩猎者开始不紧不慢地追击这只落单的公羚羊。

乍看起来，狩猎者似乎永远不可能追上这只向前飞奔的动物。有时候，公羚羊还会躲进灌木丛，而狩猎者必须拼尽全力才能不弄丢自己的目标。但是，狩猎者很清楚，自己可以利用公羚羊的弱点来制服它。

公羚羊在短距离奔跑时速度极快，但是覆盖全身的羚羊毛使得它的皮肤散热成为短板，它无法长途快速奔跑，因为快速长途奔跑会热晕它。因此，当公羚羊停下来喘气时，狩猎者就可以借机靠近，目的不是抓捕，而是刺激它继续奔跑。非洲大陆天气炎热，公羚羊被连续追逐了几个小时后，终于体力不支，只好倒在地上束手就擒了。

而皮肤光滑、身材精瘦的布须曼狩猎者凭借耐力和智慧，耗尽了重达 500 多磅的大型动物的气力。他接着轻而易举地宰杀了眼前的战利品，收获了一顿丰盛的美餐。

虽然只有两条腿奔跑，也没有其他灵长类动物身上厚重的皮毛，这反而成了人类战胜大型哺乳动物的优势。然而，人类进行"耐力型狩猎"并不仅仅是因为身体条件更加有利，心理因素的影响也不可小觑。在捕猎的过程中，狩猎者是为了追逐而追逐。这种心理机制有助于解释现代人为购买而购买的索求无度的状态。

布须曼狩猎者追逐羚羊时，内心的执念在催促他不断向前；"剁手党"在网上购买商品时，同样受到了这种执念的驱使。

尽管原始人和现代人的生活天差地别，但大家对于猎物的执念是相似的。

无法抗拒的三张面孔

人类天生会被"脸"吸引，这是人类进化的结果。

甚至有时候，我们还能在没有脸的地方看出脸来，比如斑驳的墙面上，一些奇峰怪石上。

研究显示，只要在网页里加入人脸，其打开率会增加。在设计中放上一张人脸，就更容易吸引访客视线，甚至只是放一张虚拟的脸——某个感觉像脸的物体。

在智能手机时代，打开一篇文章后，首先映入读者眼帘的，通常是"题图"而非文字。

即使在传统纸质阅读时代，相当大一部分读者的习惯是先"读图"，比如封面、插图。

配图广告学上讲的"3B"原则，即选择——

美女（Beauty）

婴儿（Baby）

动物（Beast）

这是人类的天性中不可抵抗的事物，会激起受众的性欲、母爱和怜悯，都是形成读者持续读下去的有效方法。

3B原则是由广告大师大卫·奥格威从创意入手提出的，以此为表现手段的广告符合人类关注自身生命的天性，最容易赢得消费者的注意和喜欢。

有人说"现在的广告都是围绕着女性打转"，无论画面中女性和广告有无真正联系。

美国有一家域名注册商，曾经常年挂着一个亚洲美女在首页。这个美女名叫官恩娜，是一位香港的艺人。其实域名注册与美女关系不大，但是这个页面设置非常有特点。增强了网站的黏性。一些文章中常插入性感的美女图片来吸引眼球，不单是男性喜欢欣赏美女，连女性的眼球也都容易被其吸引，愿意模仿她们。这在新媒体时代屡见不鲜。靠诱惑卖东西，让穿着暴露的女模特靠在车旁，类似做法古已有之。

婴儿，也就是人类幼崽，会激起成人的保护欲，这是自然选择的本能。有个电视广告讲的是小婴儿学步，刚开始怎么都走不到两步之外的玩具面前，尝试了许多次也未能成功，最后，小婴儿手脚并用，三两下便爬到了玩具面前，开心地抱着玩具笑了。这时画面一转，出现了广告的主题——"奥迪四驱"，小孩子天真、可爱、笨拙的言语与行为，极容易激发起人们的怜爱之心。婴儿的范围还可以延伸到儿童，比如阿芙精油那个握着薰衣草在田野奔跑的小女孩图片，是阿芙重金从保加利亚摄影师手里购买的版权；摄影师解海龙为希望工程拍摄的"大眼睛"女童苏明娟，是非常能打动人的一张宣传画，这张宣传画的力量简直胜过千言万语。

每种动物都被人类赋予一定的性格特征和象征意义，如猴子象征机灵、调皮，狮子象征威严，可以把它们的特征跟产品联系起来。

在英国，安德雷克斯牌厕纸一度将自己的劲敌舒洁的销量远远甩在后面，利润是对手的两倍还多。而两家公司的广告费用、产品质量、定价几乎完全一致。英国的罗伯特·西斯教授对此感到很好奇，就进行了深入的调查研究。罗伯特教授发现，长期以来，安德雷克斯都坚持用一个小狗形象的吉祥物来表现其产品优点：柔软、有韧性、量多。

比如，一个女人抱着一只小狗，他们身后的一卷厕纸被一辆飞驰而去的汽车拖成一条长长的白色旗帜。

一则奥迪四驱的广告，以壁虎来类比，让人一目了然，印象深刻。因为动物在被赋予了情感和行为之后，能产生新奇的幽默感，带给阅读者的是轻松愉悦的心理体验，这就是萌宠对潜在购买者会产生潜移默化的说服力。将动物作为画面的主角也是屡试不爽的成功策略。

网上饕餮客

很多人有一个生活经验，就是饥饿的时候去超市购物，会买进过多的食物，这是人类本能驱动的结果。

在现代社会，有钱不仅能买到食物，更甚者，信息也能转化为钱，所以食物不再是我们猎取的目标，取而代之的是其他一些东西。

我们的祖先之所以能够幸存下来，是具有了超强的"挨饿"能力。

蛮荒时代，我们的祖先经常是吃了上顿没下顿。

有时候，会猎获一只大型动物，吃不了，又没有冰箱，过几天就坏了。有时候，好几天也打不到一只像样的猎物。为了能够存活下来，我们的祖先在打到猎物的时候，就会尽量多吃，充分储备。这样，才能长出一身膘，挨过缺少食物的艰难时日。

如今，我们平时在浏览菜单进行点餐时，会更中意什么样的食品？

发表在《心理科学》期刊上的一项最新研究显示，除了味道、营养这些问题以外，我们的大脑其实还会关心另一个重要问题：食物所含热量！也就是说，那些高卡路里的食物更受我们的直觉青睐。

我们都继承了祖先的"挨饿"能力，所以，当我们点餐时，本能会召唤我们：多储存脂肪。

科学家还找到了食物所含热量与特定脑区活动之间的联系。

29 名健康成年人参与了这项研究。实验中，研究人员向被试者逐次展示了 50 种常见食物的图片，如蔬菜沙拉、面包、汉堡、炸鱼、薯条、宫保鸡丁等，要求被试者评价自己对每种食物的渴望程度，同时根据经验对每种食物当中所含热量做出估算。

结果显示，在对食物渴望程度的评价上，人们却一致地对高热量食物情有独钟。也就是说，我们的本能就嗜好高热量食物。

中国人有以富态为美的传统，肥胖并不是什么大不了的事情。在欧美，饕餮是所谓的"七罪宗"之一，吃得多是件很羞耻的事情。所以，这项美国人所做的调查显示，人们出于健康、社会评价等原因，会主动克制自己，少吃高热量食物。

然而，当人们在通过电子设备点餐的时候，是没有旁边人监督的。这种匿名效应，会让克制"崩"掉。由行为学家阿维·戈德法布牵头的另一项研究，证实了这个猜想。

科学家通过计算机，挖掘分析了一家大型比萨连锁店4年多时间里的16万个订单数据。由于这家比萨店在研究中期引入了一种在线订餐系统，研究人员得以亲眼看见该技术的引进是如何改变顾客下单的。在可以网上下单的情况下，培根的销量增加了20%。显然，这些食物并不利于我们的健康。

数据分析显示，顾客在网上下单时，会选择配料更多、更昂贵的比萨，比平时买的多了 33% 的配料和 6% 的热量。他们会选择一些异乎寻常的配料，比如"4 倍培根"或者火腿、凤梨和蘑菇，而不再选择普通的意大利辣肠比萨。

为什么会有"网瘾"这个概念？因为互联网能满足我们的本能。不管喜欢与否，我们每个人都在与自己难缠的基因做斗争。它们都是些老谋深算的对手，是我们的本能之主，通过让我们满足、痛苦和欢乐而对我们实施控制。

屏幕所产生的匿名效应，不仅影响着人们对食物的选择，对文化资讯的消费也有很大的影响。这些年，所谓网文大行其道，网站编辑的导向起了很大作用。比如一些打擦边球的所谓小说，不过是对人性欲望的撩拨。这种小说印刷成实体书，很多人是羞于购买的。但在屏幕上浏览过后，谁也不知道你曾经消费过这种精神产品。

某些所谓的电视剧大 IP，不过是网络小说改编，出于审查需要，将人物设置进行改编。这背后的成因都是匿名效应在作祟。

屡试不爽的危险信息

我们的祖先，在面对生存环境中危险的因素时，必须有"过敏"反应，才会有更高的生存概率。那些神经过于"大条"的，都过早地死掉了。这是上万年演化筛选的结果，我们都是"受迫害妄想狂"的后裔。

人脑给予优先权重的信息主要为四种：恐惧的、激动的、新奇的、困惑的。那些浏览率高的网文，大多数是这四种类型。而且文章标题上将这四种信息展示发挥到了极致。

有一家 IT 公司，为了在客户心中建立强有力的情感冲击，使用了一张特殊视角的图片：从颠簸的山路上骑车的人的角度拍摄。我们的本能总是以自我为中心，所以，这张图片很容易就把观者"代入"那个骑车人的位置上，这样你似乎也处在一个岌岌可危的境地。

负面标题比正面标题更能引起我们的注意，比如——

《如何正确地鼓励孩子》

《这样夸，毁掉了多少孩子！》

显然，后者会有更高的浏览率。

人类大脑处理信息时，会给危险信息以更优先的权重。

比如人身安全、司法不公，都是能够激发人脑中的警觉，这是进化的结果。

　　下面四幅图，哪一幅更能引起你的本能恐惧呢？

■ AK47 自动步枪

■蛇

■飞驰的汽车

■电源插座

相信很多读者看到蛇的图片更会本能地感到害怕，很少有谁会对 AK47 自动步枪、飞驰的汽车、电源插座产生巨大的恐惧。理性地说，后三者的潜在危险要比蛇大得多。

我们的大脑是为了特殊目的进行信息处理的机器，为我们提供了思维的本能，用以适应我们祖先所在的世界。

人脑是经历了数百万年演化的产物。

在人脑复杂的构造和功能里，包含着演变的历史痕迹。人脑"进化"的目的，不是解决复杂的数学问题，不是投资股票，也不是在琳琅满目的商品中挑选真正有价值的东西。大脑的演化，仅仅是为了解决我们的祖先在另一个时空所遇到的生存、繁衍等问题。

视觉热点与视觉冰点

我们先来看一个著名的实验。

研究人员邀请了 41 位加州理工学院的学生，让他们在计算机屏幕上标示出对不同零食的喜爱程度，比如爆米花、薯片、士力架。然后这些学生又被要求在线下做一次实际选择。

研究人员会向他们出示一些和屏幕上的零食图片一样的照片，并要求他们在实验的最后选出最想吃的零食。当这些学生在屏幕上寻找他们最喜欢的零食时，研究人员则在观察他们的眼球，监测他们的目光焦点。

很快，研究人员总结出了一个视觉模式，那就是人们眼球第一次聚焦之处或者说长时间关注的选项，会出现在显示屏上的特定区域内。

那么这些视觉热点在哪里呢？这往往取决于屏幕上选项的数量。

如果屏幕上只有 4 种零食，它们呈四宫格排列，学生们的眼睛很可能会先看向左上角，而且目光停留的时间也更长。人的这种视觉模式，被称为"左上角偏见"。

■在 2×2 的矩形排列中，左上角为第一注视点。当然，这也不绝对，尤其会在习惯从右向左阅读的人身上发生改变，比如使用希伯来语或阿拉伯语的学生。这说明，所谓的"左上角偏见"，是一种受风俗文化和成长环境影响所形成的下意识本能。

然而，当商品摆放呈九宫格矩形排列时，学生们同时面对 9 个选项，他们的目光 99% 会从中心区域开始。

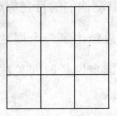

■在 3×3 矩形排列中，正中间是第一注视点。

如果有 16 个选项呈十六宫格排列，他们的第一注视点 97% 会落在中间四格内。无论是九宫格还是十六宫格形式的呈现，人们总是先看中间区域，这种视觉模式，被称为"中区偏见"。

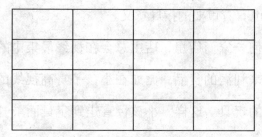

■在 4×4 矩形排列中，中间四格是第一注视点。

　　这些第一注视点也会对之后的目光产生影响，人们最初关注的位置在之后仍然是最受欢迎的。也就是说，人的行为不仅会被引导，而且能被进一步强化。

　　目光聚焦的位置对于人们的选择有着深远的影响，由此就产生了"展示诱导决策"的偏误。

　　由于研究人员保留了学生们对零食偏好的记录，知道他们真正想吃的零食是什么，所以就可以得出屏幕位置是如何影响受试者的最终选择的。

　　以九宫格式排列展示为例，如果学生们看到屏幕上有 9 种不同的零食，他们有 60% 的可能会选择正中间的那个，而不是取决于它到底是哪种零食。

　　在视频的每一帧画面上，既有热点区域，也有冰点区域，而我们会被热点区域吸引并忽略冰点区域。这对短视频营销也有着重要的指导意义。

任何一家商店里，店主总会在视线最集中的区域放置最能带来利润的货品。比如在小孩子身高视线的位置，摆放小孩的玩具。这样，小孩径直走到玩具面前开始爱不释手，大人只好乖乖买单。这就是视觉的热点效应。

利用人类的视觉偏见，合理安排画面呈现的方式，可帮助人们关注到最有价值的东西。通常，视觉冰点位于屏幕的边缘区域，当然，如果你是一个在线零售商，就不会希望把高利润的商品呈现在画面冰点位置，因为那样的话，它们被消费者留意到的概率很可能会降低。

镜头决定消费者的选择

假如商家非常希望增加某个商品的销量，只需把这个商品呈现在画面最容易被人们的视觉捕获的位置即可，比如屏幕的中心。

在上述实验中，当研究人员把最不受欢迎的零食放到屏幕上最受欢迎的位置上，比如屏幕中间偏左的位置，人们只有 30% 的可能搜寻到自己最爱的零食。

　　然而，如果把大多数学生偏爱的零食放到屏幕中间时，学生们 90% 都选择了这种零食。

　　这个实验数据表明，就算商品确实是顾客喜欢的，"酒香也怕巷子深"，大部分人不愿花费精力去搜寻。然而，当商品恰好是顾客想要的，又有正确的摆放、呈现方式，就能极大促进销量。实验还没完，接下来研究人员再一次邀请大学生在不同的零食中做出选择。在完成了前面的零食偏好的小测试之后，研究人员要求学生们把不同的零食从 1 到 15 进行排序，然后在屏幕上从不同的零食组合中做出选择。

　　研究人员采取两种方式对这些零食进行视觉呈现，第一种方式是研究人员选择性地调节某一零食包装图片显示的亮度或者调暗其他的零食包装图片；第二种方式是改变图片的显示时长，使显示时长在 70 ~ 500 秒的区间波动。

　　学生更容易看到某些零食包装图片，对他们最终的选择产生了很大影响，当学生本身对哪种零食没有极其强烈的偏好时，这种影响更甚。

　　这一研究最惊人的发现可能是，视觉显著性的变化可以让人们在超过半数情况下做出违背自己偏好的决策。

　　如果让大学生在选择食物的同时完成简单的计算题，目的在于模拟多现实生活中边工作、边选购的场景，这种视觉显著性变化对人的选择的影响会更加明显。这样就意味着，我们在上网的时候，如果一边在淘宝上购物，一边与人闲聊，同时回复手机上的短信，就更容易被视觉偏见牵着鼻子走。

　　这个调查结果是令人震撼的。

　　我们自以为有选择自由，以为自己挑选的零食是自己最想吃的，但我们可能不知道，有时候我们的选择不过是一种可被操控的选择。

　　传统零售业很早就知道通过陈列、灯光等手段，来实现视觉偏见，引导消费者的选择，比如在一些超市卖场里，超市会根据品牌商交费的多少，决定其摆放位置。

　　短视频营销中，视觉偏见起到的作用更大了。你所做的选择，很可能受到广告视频的焦距、色调等原因的影响。

07

理解
短视频平台的
规则

理解平台成立的初衷、愿景，平台为了自身发展所制定的游戏规则，可以更游刃有余地进行短视频营销。

快手是如何进化的

早在 2011 年，快手就诞生了，因为那时候智能手机还不太普及，流量还比较贵，所以快手只是做 GIF 图片。起初，它只是一个由几个软件工程师制作的能将短视频和照片转化为 GIF 动图的小软件，最早的名字叫作"GIF 快手"，旨在制作动图。后来在投资方的建议下开始转型，向社区类软件发展。随着智能手机和 4G 网络的普及，移动互联网迎来了短视频的时代。

2012 年，快手开始涉足短视频。最终，在 2013 年底快手抛弃了 GIF 制作功能，将重心放在"短视频发布与分享"功能上，完成了一次壮士断腕式的转型。经历了这次"阵痛"，快手也流失了将近 90% 的用户。但由于踩中了风口，快手不久就迎来了井喷式增长。

2014 年春节后，快手用户量迅猛增长，7 月，快手日活跃用户破百万人大关。

2015 年 6 月，快手用户量破 1 亿人，而后仅用了 8 个月，快手用户量就达到 3 亿人。

2017 年 3 月，腾讯宣布以 3.5 亿美元投资快手，快手估值达到 30 亿美元。同年 11 月，进入"日活亿级俱乐部"，总注册用户已经超过 7 亿人，每天产生超过 1 000 万条新视频内容。

快手在运营中，平台对流量的控制相对较弱，流量分发倾向于中心化。这是因为，快手的流量分配，更倾向于社交关系和用户兴趣。

快手这样做的优势在于，内容创作者可以强化与粉丝之间的互动，加深粉丝与内容创作者之间的情感联系，这也是快手平台"老铁文化"氛围的基础。所以，在直播带货这个形式上，快手的效果通常要好过抖音。

在快手，短视频营销应尽量"软"，这是一个基本原则。快手原CEO宿华曾表示："广告商业化应该尽量地不打扰用户。用户来快手，是来看别的人、看这个世界的，不是来看官方塞给他挣钱的东西的。"

快手的用户定位是"社会平均人"，这决定了快手用户分布的多样性与平均性。所以，快手有一个口号："在快手，看见每一种生活。"这也决定了快手的营销手段应更亲民、更接地气。

2018年9月，快手举办首期幸福乡村说，借由农村短视频网红的特产销售经历，宣传"土味营销学"。快手宣布"5亿元流量计划"，在未来三年投入价值5亿元的流量资源，助力500多个国家级贫困县的优质特产推广和销售，帮助当地农户脱贫。

抖音是如何崛起的

全世界范围内最受欢迎的短视频就是音乐短视频（MV），然而 MV 拍摄门槛很高，同时会表演又具有唱功的人非常少。

2014 年 11 月，一款名叫 Dubsmash 的社交 App 火了起来，因为这款 App 解决了上述痛点。

短短 7 天时间，它的下载量便荣登德国 App Store 应用榜榜首，随后迅速席卷英、法、荷等 29 国，并引起轰动。这是第一款火起来的对口型配音 App。它火起来的原因无他：降低了表达门槛，增加了内容趣味。

2015 年，Musical.ly 出现了，它是由两位中国离职创业者朱骏、阳陆育联合创立的，当时软件定位是"音乐版 Instagram"。创始团队发现，每周四会迎来下载高峰，因为美国电视台 Spike TV 每周四晚上都有一个"对嘴型（Lip Sync）唱歌比赛"，大家都会跑去苹果商店搜索"Lip Sync"这个关键词，就会出现 Musical.ly。

同期，中国区还出现了一个现象级的 App 名叫小咖秀，2015 年 7 月底在中国区 App Store 登顶，持续霸榜 8 天。

抖音在 2016 年 9 月才上线，那时的名字叫作 A.me，格调可谓很高。也是追的这波热潮，可谓赶了个晚集。抖音团队的主帅名叫梁汝波，同时他是张一鸣南开大学同宿舍的同学。

抖音的产品经理是一位"90 后"美女，结果做出了个跟今日头条气质非常不搭的、有格调的、年轻好玩有趣的产品。

2016 年 12 月，经过前期产品的用户画像分析，团队还是对产品调性进行了更改，A.me 改名为抖音。

一开始，抖音平台上几乎都是年轻用户，配乐以电音、舞曲为主。抖音上有一个专注年轻人的 15 秒音乐短视频社区，用户可以选择歌曲，配以短视频，形成自己的作品。抖音用户可以通过反复、抖一下、慢镜头等特效，让视频更有创意，这也是抖音这个名字的由来。

2017 年春节后，抖音团队感觉前期铺路工作基本完成，开始大举押上资源，2017 年 5 月以后，抖音实现了用户的爆发式增长，很快成为头条系的战略级产品。当然，头条最核心的算法优势也用到了抖音上。通过不断对运营端加持砝码，在短短的半年内，用户量增长了 10 倍。

抖音的流量分发机制，是相对中心化的。我们刷抖音的时候会有一种一开始什么视频都有的感觉，慢慢地我们所浏览的视频开始集中到某一类型。

这是因为，抖音平台通过分析用户观看视频的习惯，给每个用户贴上了不一样的"标签"。用这些标签来画出用户画像，根据每一个用户画像来分发不同的内容。平台基于标签，将内容进行个性化分发。也就是说，给用户贴上标签化以后，抖音再对同一群体的用户推荐针对性上传的视频。所以，很多人对抖音的评论是：简直就是投你所好，让用户容易对它上瘾。

在抖音的产品模型里，用户的主要使用习惯还是在首页刷内容，这种方式的沉浸度高，内容的新鲜度高，带来的满足感强，所以"粉丝"对于关注博主的内容阅读贡献就略显薄弱一些。因此，就抖音的产品模型来说，"粉丝"对于阅读数和传播度的影响是相对比较微弱的。

抖音流量分发的游戏规则，对于内容生产者来说是不完全透明的，分发的方式完全由平台来决定。

　　当然，抖音的规则也在不断改进，做了一些去中心化的调整。在初始流量池中，用户如果觉得你的内容好，完播率比较高，点赞、留言较多，那你的视频就可能获得二次流量推荐，进而形成爆款。根据一些抖音大V的反馈，感觉自己新发的视频自然推荐量大幅度下降，这可能是抖音的去中心化规则在起作用，抖音可能是通过限制新流量的分配，把更多流量红利分到中小V身上，或者新的高质量短视频创作者身上。

YouTube 的前世今生

　　Paypal 是欧美最大的在线支付平台。YouTube 的三位创始人都是 Paypal 的早期员工，并且都在 Paypal 的快速壮大后积累了丰厚的财富，这些财富为他们提供了创办 YouTube 的启动资金。

　　YouTube 创始人最初想把 YouTube 打造成一个视频约会网站，甚至推出了冷启动计划：每个女性用户上传一段关于自己的视频即可获得 20 美元。该活动推出后，却发现没有任何女性用户做出回应。

于是，YouTube 创始人不得不想别的办法，开始奖励那些有趣的内容上传者。那时候，互联网虽作为一种新兴的媒介也开始走进千家万户，但优质的原创内容很少。YouTube 上迅速产生了一批内容搬运工，他们将一些盗版内容录制下来，并进行简单编辑后，配上夸张的标题，上传到 YouTube。这给 YouTube 带来了很多诉讼问题，但也快速地获取了流量，YouTube 在不到一年的时间里积累了近 5 000 万名用户，这种发展速度是近乎疯狂的。

这时的 YouTube 仍然迷茫，各种费用让这家初创公司持续性地入不敷出。

这时候，一个名叫苏珊的女人出现了。苏珊来自"书香门第"，1968 年 7 月 5 日，她出生在美国加利福尼亚州的圣克拉拉县。母亲伊丝德是来自俄罗斯的犹太移民，在中学教新闻学。父亲斯坦利是波兰裔物理教授，曾任斯坦福大学物理系主任。

苏珊在斯坦福大学校园里长大，邻居中有许多著名的数学家和物理学家。苏珊说，这些人给了她很大激励。"他们都是令人着迷的人，不关心出名、赚钱，只想做对世界有意义的事。他们富有激情，一旦找到感兴趣的事情，就全身心投入。"

上学时苏珊对文科更感兴趣，高中时曾是校报的撰稿人。进入哈佛大学后，苏珊攻读历史与文学。1993年，她取得加州大学圣克鲁兹分校经济学硕士学位，1998年又取得加州大学工商管理硕士学位。

对苏珊来说，1998年是不同寻常的一年，她的生活发生了三件大事和一件小事。三件大事分别是拿下MBA、买了房、结了婚，一件小事是她把车库租给了在斯坦福大学读书的两个年轻人。他们的名字是拉里·佩奇和谢尔盖·布尔，两人在她的车库里成立了一家名为谷歌的公司。

房东和房客相处得非常愉快。两个年轻人让苏珊开始了解她以前不关注的东西——互联网技术。"不知有多少个夜晚是这样度过的：我们在车库里吃着比萨，布尔和佩奇吹嘘着他们的技术将如何改变世界。"两个年轻人还不停地向苏珊抛出橄榄枝——"加盟谷歌吧！"当时的苏珊是英特尔的市场部高管，还是贝恩咨询公司的管理顾问。她当然对这家只有十几人的新兴公司并不感冒，一口拒绝："你们怎么折腾我不管，记得给我乖乖交房租就行。"

但在 1999 年的一天，她的观点转变了。"我急着在网上找点东西，不知为什么打不开谷歌的页面，十分抓狂。我这才意识到谷歌在帮助我们获取信息方面已经不可或缺了！"于是当时怀有四个月身孕的苏珊毅然从英特尔辞职，当机立断加入了这个刚起步不久的公司，成为谷歌第十六号员工，也是第一位市场营销人员。

一上来，那两个一心倒腾技术的创始人就抛给她一个难题：没有经费，没有推广人员，如何打出谷歌的知名度？苏珊说服学校将谷歌免费添加到校网的搜索栏上。同时，她还用"谷歌涂鸦"（Google Doodle）这个小小的创意让谷歌的魅力值大大增加。直至今天，用涂鸦方式来装点谷歌搜索引擎标志已经成为谷歌的重要传统。苏珊迅速在谷歌公司成长起来，她先后领导了公司的广告和产品分析部门。广告是当时谷歌最重要的收入方式。但那时候，网页上要么是轰炸式广告，体验极差；要么就是静悄悄躺在角落，只有当你主动搜索才会出现，极不人性化。

在苏珊的倡议下，谷歌推出了自助式广告 AdWords。

此后，广告主便可自由发布广告，广告会根据用户的搜索词出现在页面两侧，按点击量向广告主收费。另外，谷歌还借助程序分析，根据用户喜好推送广告类型，谷歌的广告业务走上正轨。

后来，苏珊还运作出了竞价排名模式，被同行竞相模仿。

过了 3 年，基于 AdWords 的部分功能，她又打造出 AdSense，一个完全自助的广告平台。由此，广告摆脱了原本的封闭状态，任何人都可以在自己的第三方网站上发布公告。AdSense 如今每年为谷歌贡献 140 亿美元以上的收入。由于其突出贡献，苏珊被授予 Google 最高员工荣誉奖（Google Founders' Award）。

正是广告业务的勃发，奠定了谷歌发展的基础之一。最夸张的时候，苏珊负责的广告产品贡献了谷歌约 96% 的营收！因此苏珊被业界称为"谷歌女财神"。

正是苏珊的独具慧眼，力排众议收购了 YouTube。在谷歌内部，苏珊的另一项重要职责是并购。在 2006 年她领衔以 16.5 亿美元收购 YouTube，接着在 2007 年以 31 亿美元收购曾经最大的网络广告服务公司 Double Click，这被认为是 Google 最成功的两次收购。

收购 YouTube 前，苏珊率领谷歌自己的视频业务部门 Google Video 苦苦支撑，却处处落在 YouTube 后面。"我们有许多好创意，很多方面做得也不错，但就是打不过 YouTube。"这件事给了苏珊今生最大的教训："当你意识到你需要改变战略，或者什么事行不通时，大多数时候我们会有一种本能的抵制情绪，其实你需要的正是拥抱它、接受它。越早调整，就越早走上正轨。"

她决定说服董事会，收购 YouTube。而这个提案当时并不被看好。知名投资人马克·库班还说道："只有'傻子'才会去买 YouTube。"要知道，当时的 YouTube，成立仅一年，仅 25 个员工，没有盈利，还有各种版权麻烦。现在，YouTube 是全球最大的视频网站，估值千亿美元！2014 年 2 月，苏珊迎来职业生涯的另一件大事——成为 YouTube 的 CEO。

YouTube 是相对中心化的平台，它的推荐引擎决定了用户在观看了某一视频之后将会播放哪些视频。相关推荐视频所获得的流量比站内搜索的要高。

关于视频的推荐算法，YouTube 将"观看时长"作为最优先考虑的一个因素。那什么是观看时长？YouTube 将观看时长定义为观看视频的总分钟数。

这样做是为了防止"骗点击"的作弊，因此 YouTube 不会给观看次数太多权重。因为 YouTube 是谷歌旗下的视频平台，事实上，YouTube 已经是全球第二大搜索引擎。所以 Youtube 对"关键词"也很关注，站内搜排名因素其实和推荐算法差不多。

在苏珊的主导下，YouTube 一方面继续加强社交属性、差异化内容，并加大利益分享促使用户不断增强内容质量；另一方面开始针对不同的线上视频市场做出严格的划分，比如推出 YouTube Kids、YouTube Gaming、YouTube Music，以及 YouTube Red 付费项目。

短视频营销的红线和雷区

短视频内容不得违反任何所在国家的法律法规，不得宣扬淫秽色情、暴力歧视等错误的价值观。2010 年 9 月，抖音、快手、京东共同发布《网络直播和短视频营销平台自律公约》（以下简称《自律公约》），上述三家企业为加入《自律公约》的首批倡议企业。按照《自律公约》的约定，抖音、快手、京东将加强平台之间的协作和数据共享，在电子商务领域跨平台联防联控工作机制下，共享其他经营者信息及共同抵制严重违法主播。所以，短视频营销务必有红线意识。以梨视频这个平台为例，用户上传、发布或传输的内容（包括您的账户名称等信息）不得含有以下内容：

（一）反对宪法确定的基本原则的；

（二）危害国家统一、主权和领土完整的；

（三）泄露国家秘密、危害国家安全或者损害国家荣誉和利益的；

（四）煽动民族仇恨、民族歧视，破坏民族团结或者侵害民族风俗、习惯的；

（五）宣扬邪教、迷信的；

（六）扰乱社会秩序，破坏社会稳定的；

（七）诱导未成年人违法和渲染暴力、色情、赌博、恐怖活动的；

（八）侮辱或者诽谤他人，侵害公民个人隐私等他人合法权益的；

（九）危害社会公德，损害民族优秀文化传统的；

（十）有关法律、行政法规和国家规定禁止的其他内容。

其他各大视频平台的规定也是大同小异。让我们看看抖音历次的净网行动，就明白有哪些红线和雷区不能碰了。

2018年3月，抖音平台用一个月时间，累计清理27 231条视频、8 921个音频、89个挑战，永久封禁15 234个账号。

2018年7月，字节跳动安全中心用一个月时间累计清理36 323条视频、8 463个音频、252个挑战，永久封禁39 361个账号。抖音发布对违规账号及内容的处罚通告。字节跳动安全中心表示，为倡导美好、正向的社区氛围，打造健康、有价值的平台，抖音平台持续打击违规账号及内容。

2018年8月10日，字节跳动安全中心发布《抖音对违规账号及内容的处罚通告》，该通告称，2018 年 7 月，抖音平台已经累计清理 36 323 条视频、8 463 个音频、252 个挑战，永久封禁 39 361 个账号。该通告介绍，抖音积极响应国家版权局与国家网信办、工信部、公安部等关于"剑网 2018"专项行动号召，开展了严厉的打击侵权、盗版工作，7 月共下架了涉嫌侵权的相关视频 5 043 个、音频 1 269 个，永久封禁严重侵权用户 1 743 个。

2019 年 8 月，字节跳动安全中心继续加码，累计策略打压高危账号 1.6 万余个，精准拦截预警超过 35 万次。在《抖音对作弊、违规账号及内容的处罚通告》中，字节跳动安全中心表示 2019 年 7 月平台永久封禁涉嫌诈骗账号累计 2 048 个。

2020 年 1 月 6 日，字节跳动安全中心公布了打击黑产专项行动"啄木鸟 2019"的打击成果。截至 12 月 31 日，"啄木鸟 2019"专项打击行动中，封禁涉嫌刷量作弊的违规抖音账号 203 万个，封禁 100 万名粉丝以上抖音账号 293 个，封禁 10 万名粉丝以上抖音账号 4 638 个，封禁涉嫌黑产带货抖音账号 17 089 个。

2020 年 3 月，抖音发布了对作弊、违规账号及内容的处罚公告。字节跳动安全中心表示，本次专项整治重点打击色情、低俗 PK、诱导打赏诈骗、侵害未成年人权益等违法违规内容。疫情期间，抖音累计处置违规直播 513 665 次，永久封禁 8 752 个账号，永久封禁 18 675 个账号直播权限。

2020 年 7 月，抖音发布《近期网络色情、黑产行为的打击公告》。该公告说，随着短视频直播日益成为广大网友沟通交流的新介质，一些不法分子开始试图把黑手伸向新平台。有不法分子通过昵称、评论、个性签名发布网络招嫖暗语，基于微信等社交平台展开网络招嫖交易，诱导用户添加其微信、QQ 等社交账号，最终实现色情、招嫖交易。对此，抖音共封禁了 52 000 多个传播色情、黑产信息的账号。同时，字节跳动安全中心还表示，将坚定不移地打击网络色情黑产，并依法配合公安机关进一步开展打击处理。

2020 年 7 月，快手社区官方账号"快手管理员"发布公告，宣告即日起开展"低俗直播内容"专项治理，公告公布封禁用户名单，其中不乏五六百万名粉丝的高粉账号。一些短视频发布者即使能通过"擦边球"获得一定人气，还是存有短视频账号被封的风险，可谓得不偿失。

可以渲染，但不可撒谎

短视频营销、带货，已经见怪不怪了。短视频营销与传统的广告品牌策略不太一样。比如在刷朋友圈的时候，有时候大家会看到一些植入广告，穿插在一些短视频之中。

"北京七点画室"本是一个传统线下美术培训机构，2018 年 8 月注册抖音号。所发布视频为高考美术生和画室老师的搞笑日常，常以学生借助画作以假乱真"整老师"为主要内容，接近现实生活且颇具趣味性。该企业号因此受到抖音用户的热捧，并成功实现线上引流。目前，"北京七点画室"拥有粉丝 811.7 万名，累计获赞 1.5 亿个。在抖音走红之后，吸引了不少粉丝咨询、报名，实现了线下转化。

无独有偶，"古也美术教育"等一众教育网红企业也迅速崛起于抖音。被称为"才华哥"的网红艺术老师古也，他的每个视频均展示一种普通人也能掌握的画画"神技能"：在盘子上画大海，用树叶画山水、用牙刷画星空……其中一条用牙刷画星空的视频，在发布当晚就成功吸粉130万人。2019年，"才华哥"在抖音注册了一个抖音账号——"古也美术教育"作为传播平台，主要提供想象力课、创意课和素描课等艺术课程。利用个人名字作为品牌传播旗号，"才华哥"将个人能力展现与其美术课程做了绑定。每个视频以"我这该死的艺术才华"为结尾，形成了有效的品牌传播，用其"该死的艺术才华"，招生人数暴增，成功实现了快速获客、变现。

短视频营销固然可以有效引流，但是切记，不要试图去欺骗任何人，因为观众是有能力识破谎言的。如果你在推广自家的产品，请务必确保观众一目了然。

08

第 8 章

在不变中
求变

如果摄像机盯着同一个东西看的时间过长，或是不去看你想看到的那些地方，你就会觉得很乏味。这也是为什么在直播大型比赛时，要用很多台不同机位的摄像机，以便每隔几秒就能切换不同角度的镜头，而每个镜头都关注不同的信息。

短视频大多是短镜头

短镜头是短视频语言的一部分。通常，一则 15 秒的短视频，很少会有人用 10 秒的长镜头来表现内容。

可能有人会问：为什么李子柒的短视频用了大量的固

定镜头还那么火？

李子柒的短视频想要传达给观众的，是一种田园式的
宁静和唯美，观众从中获得一种心理疗愈效果。这恰恰说
明，为李子柒做摄像的高明之处。事实上，即使是优秀的
视频、电影或电视节目，如果稍加留意，你会发现，除了
在某种特殊情况下，没人会使用超过 10 秒时长的镜头，大
多数镜头远短于这个时长。

密子君本名张榆密，1992 年生于重庆市合川区，是一
位吃播类短视频制作者。密子君因直播吃完 10 桶火鸡面只
用了 16 分 20 秒而走红。

2016 年 8 月，大胃王密子君在没有配菜的情况下，8
斤白米饭被一扫而空。

2017 年 4 月，大胃王密子君以半个小时吃 40 个鲜花
饼的战绩刷新了围观群众的认知。

由于其"大胃王"这一特点，每一期短视频当中密子
君都会吃下大量的食物。

吃播短视频如果长期重复相同的形式，迟早会让观众
感到厌倦。为了能够留住粉丝，密子君采用了内容场景创

新的方法。

　　"大胃王密子君"系列短视频中的主要场景是密子君吃食物，其他部分都是次要场景。

　　为了持续创新，密子君团队在后期的短视频当中开始去往各个店铺进行录制，用不同的次要场景构成来保持用户的热情，同时还可以向用户推荐美食，做一些营销工作。密子君除了每期都会更换不同的服装外，在拍摄时也会采用不同的构图方法，对主要场景进行调整。

　　为了改善观赏体验，密子君的吃播节目开始从单纯地吃东西，转化成了有主题地吃东西。比如，高考特辑、母亲节特辑等。

　　虽然每位短视频达人都有自己的定位，但长期单调的拍摄形式容易让人厌倦。

　　因此，在不变中求变，才是良策。美国视频达人凯西的创意简直让人脑洞大开。纽约街道上滑雪、穿着西装滑水、无人机扮圣诞老人飞行、电动滑板改装阿拉丁飞毯等无不让人目瞪口呆，名玩咖的短视频，总能给人带来新奇的观赏体验。

变化，才能点燃渴望

哀，莫大于心死。

观众或者用户把你看透了，你们也就"友尽"了。

你打开冰箱门，里面的工作灯就会亮起，这个结果在你预料之中，所以，你不会没完没了地重复开门这个动作。

假如给这个结果添加一些变量，比如每次打开冰箱门，都会出现爱人为你准备的不同的美食，相信你每天下班第一件事就是开冰箱，因为你的渴望被点燃了。

罗振宇做罗辑思维这个微信公众号，每天发一段语音60 秒。他曾在公开场合中说，他录 60 秒每天得 6 点起床，如果超过了 60 秒就跳掉了，等于白录，低于 60 秒我也不发，要刚刚好。

很多人都非常佩服这种执着劲儿。当然，也有不少质疑的声音。

有一些内容创业者，也模仿罗辑思维做每天读书的内容，但最后都失败了。

原因是什么呢？

一个最基本的道理是，坚持做一件事是消耗意志力的事情。科学研究已经证明，每个人的意志力都非常有限。

所以，是不是现录——根本不重要。最重要的是，如何让用户形成长期的、欲罢不能的习惯，根本不能靠"意志"这个东西。

总有人出于好奇听了一阵子，又有人觉得内容不过如此，仍坚持了一阵子，然后有人攒半个月左右听一次，有人攒了好几个月，干脆不再听了。

人们最终会对某种体验心生厌倦，这种厌倦只能靠多变的大脑多巴胺奖赏而转变为持续不灭的热情。这是企业用来黏住用户的一个制胜法宝。

变化，可以激发人们对某个事物的强烈渴望！

罗辑思维的成功不可复制，这种形式太缺少变化了。

每天早上准时来一段朗读，朗读内容基本都是畅销书概括，也不是什么原创内容。一段时间后，你还有渴望吗？

当然，每天读不同的书也是变化，但这种微乎其微的变化其实是另一种重复。

可以预见到结果，无助于催生人们的内心渴望。

每天准时读书这个形式，之所以成功，可以说是天时、地利、人和的产物，不可复制。

这个形式一开始还是挺新奇、挺有特点的，对触发用户的关注确实能起到很大作用。

但是，随着时间推移，这个优点也会成为弊端。真正的弊端不在于受众对节目是否现录的质疑，而是在于更新太勤了，太标准化了。

喜新恋旧才是人性

福楼拜这样描写包法利夫人，说她就像任何一位情妇那样，新鲜的魅力像外衣一样逐渐褪去，仅剩下永恒的、单调的激情，具有永远相同的形式和表达。

这并不能证明男人天生喜新厌旧，这只是人类的天性。人类大脑经历过上百万年的进化，取得了非常高的效能。

大脑是极为昂贵的器官，虽然只占体重的 2%，却消耗掉我们 20% 的能量。习惯，是我们的高效大脑所不得不采取的一种方案。

当我们看懂某种因果关系时，大脑会把这份领悟记录下来。在遭遇相同情境时，大脑能够快速地从记忆库中调取信息，寻找最合理的应对方法，而这，就是我们所说的"习惯"。在习惯的指引下，我们会一边关注别的事情，一边在几乎无意识的状态下完成当前的任务。

看穿了，也就没意思了

可预见性导致厌倦。

类似罗辑思维这样的公众号，粉丝数波动应该很大。流失的不乏真粉丝，因为这是粉丝自己创造的变化。人总是会对一成不变感到厌倦，然而，真粉丝过一阵子还会回来。粉丝流失这个现象，其实也不重要，重新回流的才是真爱嘛！

Zynga 是一家社交游戏公司。

2009 年，Zynga 公司凭借在 Facebook 上开发的热门游戏"农场小镇"成为举世瞩目的游戏公司。"农场小镇"仅在 Facebook 这个平台，每月吸引 8 380 万名活跃用户。照料庄稼是农场主人的分内事，因此用户最终必须花真金白银去购买游戏道具并提升等级。

2010 年，仅这一项给 Zynga 带来的创收就高达 3 600 万美元。

快速崛起的 Zynga 紧接着将"农场小镇"复制到新项目上。它接连推出了"城市小镇""主厨小镇""边境小镇"等数个以"小镇"为关键词的游戏。到了 2012 年 3 月，该公司的股票价格大幅度上涨，公司市值高达 100 亿美元。

8 个月后，Zynga 的股票价格腰斩两次还多，下跌了 80%。人们发现，它所开发的新游戏其实是新瓶装旧酒，只是借用了"农场小镇"的外壳，所以玩家的热情很快被耗尽，投资商也纷纷撤资。曾经引人驻足的创新因为生搬硬套而变得索然无味。由于多变特性的缺失，"小镇"系列游戏风光不再。

要想使用户对产品抱有始终如一的兴趣，神秘元素是关键。然而，"农场小镇"这类网络游戏最大的败笔就在于"有限的多变性"。也就是说，产品在被使用之后产生了"可预见性"。

持续改变，才能培养忠诚度

最新的研究证明，多变性会使大脑中的伏隔核更加活跃，并且会提升神经传递素多巴胺的含量，我们对这种大脑奖赏有着本能的渴望。

我们人类的大脑是存在于地球上进化程度最高的器官。在这个不算太大的器官中，竟容纳着超过 1 000 亿个神经元和超过 100 万公里长的神经纤维。

然而，我们的大脑每天只消耗仅相当于一个 60 瓦白炽灯的能量！这种极低功耗决定了人类的大脑其实是一种节能模式，大脑对意志力方面会分配得非常刻薄。

进化塑造了我们必须学习适应新鲜东西的本能，当新鲜的变成熟悉的以后，再把它交给直觉来处理。

你可以在网上搜一段孩子与狗狗初次相遇的视频，这类视频不仅滑稽，还反映出了一些有关人脑运行机制非常重要的信息。

一开始，孩子感到很茫然，它在这里干什么？它会不会咬我？

但是很快，当他发现小狗并不构成威胁时，笑了起来。

这种笑就像一个释放紧张的阀门，当我们不再担心受到伤害，但是因不确定而觉得不安或是兴奋时，我们就会笑。

几个月后，小狗身上曾经让孩子兴奋的特点就会不再有吸引力。孩子已经能预知小狗的下一个动作，所以觉得没有以前那么好玩了。现在的他已经另觅新欢，比如玩具挖掘机、消防车才是能够刺激他感官的新鲜玩具。当他对这些玩具也习以为常时，这些也将成为"旧爱"。小孩和狗狗玩上几个月，狗狗就像一件玩腻了的玩具一样，被逐渐忽视。

"印象叠加型商品"也要持续微调

消费者之于商家的关系，其实和小孩之于狗狗一样。日复一日，毫无变化，毫无悬念，才是关系的大敌。

有些经典快消品属于"印象叠加型商品"，不能变来变去。但也要经常微调。史玉柱曾言："送礼只送脑白金"这个广告词不能改，一改前面的广告投入全打水漂儿了。但是，即便如此，脑白金的广告仍在持续微调。现在的广告和第一版广告差别还是非常明显的。

宝洁公司生产的沙宣、海飞丝洗发水，总是推出新配方，其实不过新瓶装旧酒而已。很多快消品如啤酒、感冒药、牙膏……所谓的改进，不过是稍微换了个包装而已。所谓的"全新配方"，也不过是替换了一点点微量元素，然后把这种元素的功效推崇得无以复加。

但是，即使是这样的改进，也能重新唤回老顾客的热情，触发老客户的购买欲。

如果你保持一成不变，你的客户必然慢慢忽略你，这是大脑的运行机制所决定的。

人们会遗忘一成不变的东西，这是人的本性。

以苹果手机为例，都出了十几个版本了，虽然每次改进不多，但总算有所变化，让粉丝有所期待。

大体而言，改变比不改变要好，否则就会被人遗忘。可能会有读者拿出可口可乐改变经典配方的例子来反驳，但这是另一个需要深入探讨的问题，我们在后面接着聊。

对于营销者来说，如果能够让观众预测到下一步会发生什么，你就该考虑求变了，一成不变不会产生喜出望外的感觉。

多屏时代，人们对变化的要求更为极端。你的屏幕营销内容，就像是孩子生活中的小狗，要想留住用户的心，就要有层出不穷的新意。

第 9 章

设置悬念，
点燃激情

大导演希区柯克说：悬念是保持观众注意力最有效的方法。

悬念并不是电影、电视的独家专利，短视频其实更需要悬念。

1994 年行为经济学家乔治·卢文斯坦提出了一个"信息缺口导致痛苦"的"缺口理论"。当我们想知道一些事却无法实现的时候，就会觉得身上像长了疥疮，不得不抓。要想消除这种痛苦，就得把知识缺口填满。

所以，聪明的人总是以悬念的形式制造故事、传播品牌。成功的悬念制造者，能让大家深陷其中。

让观众欲罢不能的"钩子"

几乎所有故事都能使用悬念。甚至一个爱情故事也可以有悬念。过去我们总认为悬念就是把某人从断头台上救下来，诸如此类，但是一个男人能否得到那个女孩也是悬念。

"给你二百万，离开我女儿。"

"阿姨，我们是真心相爱的。"

"四百万。"

"阿姨，我不是为了钱，我们感情不能用钱来衡量。"

"六百万。"

"阿姨，您别逼我。"

"一千万！最后一次，离开我女儿！"

男孩叹了口气，从口袋里掏出一张银行支票。

"这是一个亿，我要娶你女儿！"

女士惊讶地问：……

一个悬念就此留下了。

下面可以嫁接植入各种广告。

比如，可以让女士问：你哪来那么多钱？

男孩回答，多亏了某某地产中介，让我买了某某楼盘。

也可以让女士问：女婿，你有什么要求？

男孩说，就让她使用某某品牌的商品……

悬念这个概念源于西方编剧理论，在中国戏曲理论著作中，虽无悬念一词，但所谓的"结扣子""卖关子"，以及李渔在《闲情偶寄》词曲部格局一章中提出的有关"收煞"的要求：暂摄情形，略收锣鼓……令人揣摩下文，不知此事如何结果，其内涵就是与悬念基本相似。

悬念必须在很大程度上与观众自身的欲望或期盼相关。悬念可以是直截了当地设问，比如"假如有一天世界上只剩下一个人……"也可以制造神秘的气氛。许多名著之所以能成为名著，都是因为以悬念开头，诱导读者读下去的。

把你的营销设计成故事

营销的最高境界，是讲述一个悬念故事。

乔布斯所要的效果，就是吊足全世界的胃口，他希望看到全世界迫不及待要购买的欲望。

正如悬疑小说的作者会有意识地将一些信息透露给读

者，在苹果产品发布的前几个月，苹果公司会故意放水泄露一些消息。首先是一个提示，然后是谣言，接着又有其他谣言来反驳先前谣言。这些信息大多数以讹传讹，直到乔布斯出示了真正的产品，粉丝的狂热达到了高潮。

让我们回到 2007 年 1 月 9 日的苹果公司新品发布会现场。

乔布斯缓缓走到台边喝口水，不紧不慢地说：

"这一天我期待了两年半。

每隔一段时间，就会有一个革命性的产品出现，然后改变一切。然而，苹果曾经……或许应该这么说，一个人一生能参与一件革命性产品就够幸运的了，而苹果非常幸运，能够在过去的日子里向大家介绍了几个这样级别的产品。

1984 年，我们发布了 Mactinosh 电脑。它不仅改变了苹果，它改变了整个电脑行业。

2001 年，我们发布了第一台 iPod，它不仅改变了我们听音乐的方式，它改变了整个音乐产业。

然而，今天，我们要发布三件这样级别的产品。"

乔布斯通过幻灯片向大家展示了三个新产品：

触摸控制的宽屏 iPod。

（欢呼，掌声。）

一部具有革命意义的手机。

（欢呼，掌声。）

第三，一款全新的互联网通信工具。

（零散的欢呼，寥落的掌声。）

乔布斯其实是卖了一个关子。多年来，苹果粉丝希望乔布斯能在 iPod 内置手机功能，这样他们就不必携带两台设备了。乔布斯这次就是要实现粉丝的愿望。

乔布斯说："好吧，三样东西。一个可触摸宽屏幕 iPod，一个革命性的手机，还有一个突破性的互联网通信器。"

伴随着这三样东西旋转的效果，乔布斯接着说："一个 iPod，一个手机，一个网络通信器。"

然后继续重复"一个 iPod，一个手机，你们明白我要说什么吗？这不是三个独立的设备，这是一个设备。"

当乔布斯重复第一遍的时候，台下已经开始有笑声。

然后，那些提前得到小道消息的人可能明白过来，接着是经久不息的欢呼声和掌声。

乔布斯说："我们把它取名为'iPhone'。今天苹果要重新发明手机。"观众的情绪彻底爆发，欢呼声和掌声交织。

"这就是它了！"乔布斯骄傲地说。

打开幻灯机，却呈现出一部带着老式拨号盘的 iPod。

场下哄堂大笑，观众的情绪又被戏弄。乔布斯在大家的笑声中，轻描淡写，从牛仔裤口袋里掏出了初代 iPhone 真机："其实，这才是它，但是我现在先收起来。"

乔布斯说："在讨论它之前，让我们来谈谈市场上某些叫'智能手机'的东西。"

在这场发布会上，观众情绪被乔布斯挑逗得跌宕起伏。

乔布斯是一位悬念大师。人们之所以为苹果的事件排起长队，除了乔布斯那半神半人般的吸引力，更多的是他作为一个悬念大师为粉丝们创造的惊喜。

乔布斯最喜欢干的一件事是，在演讲中，装作漫不经心地说："还有一样东西。"接着，他拿出一件让大众惊叹的新产品。

当人们都在猜测下一代 iPod 是什么样子的时候，乔布斯掏出了一部 iPhone。当大家都觉得发布会结束了，正要散场的时候，乔布斯又漫不经心地拿过来一个信封，从里面掏出一个 Macbook Air 超薄笔记本电脑。

人们怀念乔布斯，是因为他总有可能公布一些令人惊喜的产品。

存在感，因变化而凸显

可口可乐改变经典配方，被消费者抵制的故事，经常被拿来做反面教材。

在可口可乐公司成立 99 周年之际，CEO 郭思达明显突围，改良了配方。99 周年可谓多事之秋，要么加冕，要么重生。

郭思达是一位做局者，一位制造悬念的行为学大师。郭思达非常认真地走了一步险棋：放弃老配方。结果遭到了可口可乐粉丝的激烈反对。

但是，改变配方的后果，却被很多案例研读者忽略了。

当郭思达顺水推舟，让被雪藏的"经典可乐"回归之后，可口可乐销售量猛增，远远超过了以前的水平！

我感觉这很像是一个局，因为推出新配方，不一定就要取消旧配方。

郭思达当然知道可口可乐有一部分忠实粉丝，却无法度量他们究竟对可口可乐有多迷恋。这就像恋人的分分合合，也许他是爱我的，但爱我能有几分呢？不如分了吧。于是乎，得不到的，永远骚动；被宠爱的，有恃无恐。

经过这次变化，可口可乐顾客忠诚度得到了加强。

求新、求变，是过去商战常提的口号。

如今更要求新、求变。

新的传媒规则已经形成，并且正在塑造我们的行为。

虏获、奖赏、投喂，让客户欲罢不能，这是新媒体营销的终极成功路线图。

代入感，持续吸引力的旋涡

2008 年，美剧《绝命毒师》开播。这部剧讲述的是一个名叫老白的高中化学老师变为制毒高手的故事。

这部电视连续剧一开播就霸占了屏幕。据统计，最后一季的第一集在 2013 年播出时，收看人数约有 590 万，截至该季结束时，这部剧的收视率打破了吉尼斯世界纪录，独揽 5 项艾美奖。

《绝命毒师》的片头悬念设计通常有两种，一种是物品，比如防毒面具；一种是事件，比如光头老白在爆破中酷酷地走出来。在剧中，死亡人数随着剧情的展开不断增加，而收看该剧的观众人数也在不断上升。

《绝命毒师》的持续吸引力是怎么来的？究其根本，这部电视剧的成功其实缘于一个再简单不过的手段。

每一季的叙事主线都围绕一个亟待主人公解决的难题展开。

第一季中有这样一集，主人公沃尔特·怀特得想法把两个毒贩仇家的尸体处理掉，其间出现了一连串的难题，接二连三的悬疑情节让观众迫不及待地想知道故事接下来会如何发展。当怀特发现其中一名毒贩还活着时，情急之下干掉了对方。

和其他剧集一样，难题会在每集结束时得到解决，而另一个新的麻烦又会初露端倪，观众将带着好奇继续关注下一集的剧情。

按照制作方的设计，你要想知道老白如何走出上一集尾声中的困境，唯一的办法就是继续关注下一集。

从冲突爆发、疑点频现到难题告破，这一套叙事手段再寻常不过，但每一个成功的叙事总包含一个核心元素，那就是多变性。

《绝命毒师》，人物设置极为接地气，矛盾设定虽然比较"狗血"——癌症＋制毒，但是编剧技巧，十分符合观众心理接受机制。引人入胜的未知情节和跌宕起伏的剧情设计让我们欲罢不能，所以一心期待下一集早日播出。

研究人员发现，人们在看故事的过程中，会对主人公的喜怒哀乐感同身受，这种现象就叫作"代入感"。

当我们站在虚构人物的立场看问题时，会感受到他的行为动机，正因如此，代入感会发生在我们身上。

无巧不成"苏"

讲故事的第一原理,是主角不死原理,或者主角最后死原理。

否则,故事没法往下讲了。

玛丽苏,是文学批评中的一个概念。玛丽苏,即 Mary Sue 的音译。玛丽苏一词出于国外的同人小说圈。1973 年,美国有位蹩脚的作者创造了一个名叫 Mary Sue 的虚构女主角,这位玛丽苏非常完美、非常幸运,集天下主角光环于一身。在文学评论圈,这种主角无论男女,统一简称为"苏"。

然而,成为一名虚构作品畅销书作家,需要时时刻刻谨记一条金科玉律:无巧不成"苏"。

无论是金庸的武侠小说,还是琼瑶的爱情小说,哪一位主角的活动不是"奇遇连连看"?

金庸晚年非要把幸运儿韦小宝的下场改得很悲催,这让读者心理上非常难以接受。且不说韦小宝、段誉这种超级苏,就连悲剧英雄乔峰在离世之前也奇遇不断。

玛丽苏其实契合了人类的认知,迎合了我们的骨子里的渴望。主角感受的代入，使得我们沉迷于一本书、一部电视剧、一个新的视频游戏里。

尽管《绝命毒师》中的悬疑剧情吊足了观众的胃口，但是当谜团揭晓、大结局最终呈现之时，大家的兴趣也会慢慢消退。

你当然可以一开头就宣告主角死亡，或者像老白一样宣告为不治之症，但故事还是要倒叙从头说起。

多变性元素并非取之不尽，而且会随着时间推移变得可以预测，因此人们投入的热情也会降低。

企业必须不停地制造新的亮点去迎合消费者，以满足他们无尽的好奇心。好莱坞电影工业和视频游戏行业在这一点上不谋而合，都在经营中用到了所谓的"工作室模式"，由财大气粗的企业为电影和游戏的制作与发行提供后援。至于哪些作品会成为接下来的热门，就无从预测了。

为你的短视频制造一个"钩子"

这是个速朽的时代。

你当然可以一夜霸屏，但很难保持持续的"品牌温度"。

那么多选秀节目，那么多一夜成名的网红，然后呢？快速湮灭，成为尘土。

你固然需要快速霸屏营销、及时引爆，但更重要的是其背后的逻辑是否想清楚了。

短视频内容营销者就像一个钩子制造者，你必须抛出一个又一个钩子，勾引读者读下去。悬念的功能是诱导阅读。受欢迎的文章，从标题、结构到节奏都会注意到悬念的设置规律。让我们随便打开两部名著的开头。

许多年之后，面对行刑队，奥雷良诺·布恩地亚上校将会想起，他父亲带他去见识冰块的那个下午。

——马尔克斯《百年孤独》

我已经老了。有一天，在一处公共场所的大厅里，有一个男人向我走来，他主动介绍自己，他对我说："我认识你，我永远记得你。那时候，你还很年轻，人人都说你美，现在，我是特为来告诉你，对我来说，我觉得现在你比年轻的时候更美，那时你是年轻女人，与你那时的面貌相比，我更爱你现在备受摧残的面容。"

——杜拉斯《情人》

电视剧也是如此，在如潮的美剧中，最吸引人之处就在于"看了开头就想知道结尾"，而且每一季的结尾都留出大量悬念。

比如《疯狂主妇》第三季结尾时布瑞假怀孕、伊蒂正要上吊自杀；而《越狱》第三季则将结束政府阴谋，重回监狱斗戏。可以说，美剧的剧情必须环环相扣、出人意料，一旦剧情反馈不好，编剧必须绞尽脑汁推陈出新，否则剧集就要面临停拍的困境。

有时候为了吊住观众的胃口，需要强制加入一些悬念，比如《权力的游戏》第五季结尾，剧迷最喜爱的角色琼恩·雪诺死了……他被自己的黑衣兄弟连捅数刀，血溅当场。在随后差不多一年的时间里，所有和《权力的游戏》剧组沾点儿边儿的人都反复说：琼恩·雪诺真的死了，真的死了。他们都没有撒谎，琼恩·雪诺真的死了。但谁也没有说过，他不能死而复生……于是在第六季首集，他被红衣女祭司梅丽珊卓复活了。

善于制造神秘感

人类不愧是万物之灵长，对自己不解的事物总是充满好奇或崇敬。

神秘感是一种原始情绪，也是最难忘的情感体验。

在肯德基位于美国肯塔基州的总部内，有一间守卫森严的保密房间。要进入室内，工作人员首先要打开保险库大门，然后分别打开房门上的三道锁。开了房门，里面是一个保险柜。那里面，便是肯德基的商业机密——1940 年由肯德基创始人哈兰·桑德斯上校发明的"吮指鸡块"的烹饪秘方。

肯德基秘方几乎是无价之宝，因为它是品牌形象的重要组成部分。

对此，美国财经作家庞德斯通持怀疑态度。庞德斯通用了很多办法，他曾在一家肯德基连锁店的附近刊登公开广告，想找肯德基的员工"聊聊"。结果不但有人应约前来，甚至有人提供给他一些"吮指鸡块"的炸鸡粉。

庞德斯通拿着这些炸鸡粉去化验室，得到的分析结果是，里面只有面粉、盐、味精以及黑胡椒这 4 种普通的佐料，而并没有传说中的 11 种香草和香料。事实上，肯德基的官方网站上就有完整的成分说明。

可口可乐的原始配方，锁在某个亚特兰大一家银行的保险柜里，外人要想打开这个保险柜，比登天还难。

可口可乐对这个配方一直对外秘而不宣，甚至有一段时间不惜退出印度市场。

2006 年 8 月 2 日，在印度爆出"有毒可乐"事件后，印度最高法院下令要求可口可乐公布其秘密配方。可口可乐干脆退出印度市场，以抗议印度政府要求其公布配方的压力。一些营销专家认为，可口可乐公司故弄玄虚，因为在实验室里分析其成分简直是易如反掌。

可口可乐公司宣称全世界只有两个人知道神秘配方，还煞有介事地说如果神秘配方丢失，将会产生严重后果。然而，认真追究起来，可口可乐在市面上已经消失多年了。现今大多数人称为"可口可乐"的东西指的是"传统可口可乐"，而市面上销售的则是配方修改过的新版本。

神秘感能够有效吸引我们的注意力，比如各种"祖传秘方"总能勾起顾客的好奇心。

过去的一些中医，为了迎合患者的求医心理，给患者开出的药方，有时越离奇越好。越是离奇珍稀，对患者的心理暗示作用就越强，治疗效果也就会越好。

但是，正所谓"人参杀人无罪，甘草救人无功"。有些疾病，只需最便宜常见的药物即可治愈；有些疾病，用最珍稀的药材反而会耽误病情。但如果医生开了最贵的药，患者也只能怪自己病得太严重，连最贵的药物也治疗不好。

0

第 10 章

短视频霸屏的
内功

如何征服手机这个小屏幕，是需要用心琢磨的。

短视频营销是一门新的镜头语言，对此我们中的大多数人都是"视盲"。不少人认为papi酱的走红是靠其欢乐有趣的"吐槽"和"精分"式的角色扮演，却忽略了其科班出身的专业背景，视频剪辑和后期制作的专业性也是她得以脱颖而出的重要因素。

作为一个短视频制作者，知道一些视频知识绝对是加分项。比如，美国短视频网红凯西在2003年因那则"iPod的肮脏秘密"走红之前，他已从事视频工作几年了，对于视频的拍摄及剪辑都是非常熟练的。

短视频拍摄不得不考虑的两个现实

回忆一下，每一天，你的注意力都投向了哪里？

大部分人的注意力被屏幕吸走了，更具体地说，是被智能手机吸走了。

某大学前几年进行的一项研究表明，人们每天平均要看34次手机，而业内人士给出的数据则更高，将近150次。另一项调查显示，约80%的人会在醒来后的15分钟内翻看手机。更离谱的是，大约33%的美国人声称，他们宁肯放弃性生活，也不愿丢下自己的手机。

屏幕正在改变消费者的行为方式。

只有那些进化出新的营销手法的商家，才能在这个时代存活。

短视频的主战场是手机，而不是电视机或PC，甚至平板电脑。因此，要考虑到播放终端以及改变这个现实。

1. 要考虑到竖屏幕这个现实

平时生活中我们看到的世界是一个横屏的形式呈现在我们的视网膜上面的。再加上后天的习惯，我们对于看一个视频的时候，大部分是 4 ： 3 的比例或者是 16 ： 9。

但由于短视频很短，人们甚至懒得把屏幕横过来看。近年来一些短视频的流行，人们越来越熟悉竖屏视频，甚至一些传统的横屏视频软件也开始尝试竖屏。爱奇艺推出了一档竖屏短剧《生活对我下手了》，每集 3 ~ 4 分钟的时长。优酷前副总裁郑蔚曾经介绍过优酷对于竖屏视频的探索，并且率先在《这就是歌手》的节目营销中呈现了竖屏视频的传播方式。

竖屏拍摄并没有想象中简单。比如，拍摄横屏视频时拍不到天和地，而这些画面元素在拍摄竖屏视频的时候就必须被考虑在内。竖屏视频镜头内可以容纳的人物变少，如何写出更加适合竖屏的脚本也成为需要重新思考的方向。

2. 要考虑到小屏幕这个现实

电影、电视屏幕，我们可以任意播放大场景拍摄视频。我们在手机屏幕上展示内容，近似于"螺蛳壳里做道场"。我们不要太执着于全景镜头，因为我们大多数时候拍摄的是活生生的人。所以，我们的镜头要尽量靠近拍摄对象。

人在交流时，一半是靠嘴，一半是靠眼神，错过了眼神，你就丢失了一半信息。比如，在一个短视频小故事里，当一个女孩说"我爱你"的时候，男主角和观众都会通过她的眼神，来验证她的真诚，这是那些流行的"土味"剧情里常用的特写镜头。

摄影器材的选择

短视频在诞生之初是"平民化""低门槛"的代名词，但是，随着短视频行业的蓬勃发展，专业注定战胜业余，高水平的短视频发布者注定脱颖而出。

根据营销的内容各有不同，短视频在开始进行制作之前必须先计划好相应的成本和资源，这样才能避免营销计划无法落地执行。

"工欲善其事，必先利其器"，在短视频制作之前必须选择合适的器材。

1. 智能手机

对于"刚入坑的小白"用户来说，手机是一个不错的选择。而且，手机具有便携性，可以用到的拍摄场所特别广泛，这是其他拍摄工具所不具备的优势。

而且随着 5G 时代的到来，可以即拍即传，便于随时分享视频内容。一般而言，智能手机越高档，拍摄效果越好。如果预算有限，可以多方比对，选择最适合的手机作为拍摄工具。

一般手机拍摄抖动是个大问题，所以必需的配件就是自拍杆和三脚架。你也可以为自己的手机配备一个鱼眼镜头，这个可以增加拍摄视野范围。一般用手机拍摄的尺寸是 1280×720 分辨率的尺寸，这也是很多短视频平台要求的尺寸。

2. 单反或 DV 摄像机

单反相机的拍摄效果普遍要好于智能手机。一般来说，索尼、佳能等品牌的单反相机就能满足拍摄短视频的需要。

购买单反时，要考虑两个因素：第一是对焦效果，第二是画质。如果电动变焦匀速，恒定光圈，那就特别适合拍视频。如果有更高的拍摄需求，也可以考虑为单反配一个广角镜头或变焦镜头。

家用 DV 摄像机也具有较强的拍摄优势，首先是变焦能力更强大，适合大范围变焦，还可以实现光学变焦；其次是家用 DV 相比手机更为专业，对于拍摄新手而言操控方便。

麦克风的选择

好的声音是从记录好对白开始的。

如果观众听不清你在拍摄时记录下来的那些对白，就算给你的视频配上世上最好的背景音乐也于事无补。

手机或单反的内置麦克风会记录下它能拾取到的所有声音。话筒离被拍摄对象越远，就离声源越远，记录的噪声也就越多；而噪声越多，问题就越严重。

短视频不同于电影，一般的单反相机或者智能手机即可满足画面拍摄的需要，而真正棘手的问题是声音的录制，这也是很多短视频制作中暴露出来的硬伤。

你需要问自己，我想用麦克风录什么？对白、环境声还是其他的什么声音？

选择麦克风的第一个因素是你的环境，如果你的环境比较嘈杂，当然前提是不会嘈杂得过分，可以选择动圈式麦克风；如果环境比较安静，推荐选择电容式麦克风。

动圈式麦克风对于环境音的要求不高，适合在不太安静的情况下使用，当然，带来的影响就是动圈式麦克风录音录出来会比较闷，不够还原。而电容式麦克风对环境音的要求比较高，使用的时候必须足够安静，既然要求这么高效果肯定不错，它录出来的声音比较细腻，还原度高。

从外形上，麦克风又大致可分为枪麦、领夹麦以及相机外接麦三类。麦克风指向具体录音对象时，它不仅能拾取目标声源的声音，还可以捕捉到周围的环境声。视频拍摄时，你可以尝试用它捕捉场景中的人物对白或声音细节。除此之外，它们也经常被用来捕捉拟音和房间声（Room Tone）。

此外，一般而言，女声比男声要高，所以女声尽量选择高频比较好的麦克风，男声尽量选择低频比较好的麦克风。

其他可能需要的器材

三脚架是用来稳定照相机的一种支撑架，以达到某些摄影效果。三脚架使用中的定位非常重要。

还有观众背景布或者背景墙，在选择上应该尽量挑选可重复利用的。与背景布相配套的还需要电动卷轴。

补光灯是一个短视频拍摄过程中必不可少的，此外蜂窝、柔光箱、滤片、雷达罩、反光伞、柔光伞和反光板也是拍出高质量视频所必不可少的。

随着无人机制造成本的降低，市面上从百元机到万元机都有。越来越多的航拍无人机服务于节目录制、短视频制作之中。网上有国外某视频发布者成功用无人机近距离拍摄龙卷风，获得了大量转发。美国短视频达人凯西的视频基本有几个经典元素，包括缩时摄影、多角度镜头、无人机拍摄和电动滑板上单反自拍，而且经常达到 4K 分辨率，形成其独特的视频风格让他在众多内容创作者中脱颖而出。

脚本策划与故事梗概

成功的视频需要有一个好故事，如果你的故事中有太多对白和细节，连你自己的脑袋都装不下了，那么你就需要有一个脚本。

想要拍摄出优质的短视频，短视频脚本是必不可少的。一个好的脚本可以令短视频有更加丰富的内涵，对于营销团队来说，脚本是提高效率、保证主题、节省沟通成本的重要工具。

当你完成脚本创作，还要学会概述你的故事，这是为了让别人能够帮助你。没有人愿意花很多时间去听一大堆阐述——除非他们喜欢你的构思。如果可以，尽量用三句话说明。

比如，索尼模仿电影《盗梦空间》的样式，将Sony两款最好的产品（相机和智能手机）的优点结合在了一起，通过画中画的形式给观众产生一种思维旋涡的错觉。再如，电影《吃错药》的剧情可以这样概述：一个乐队指挥怀疑他的妻子给自己戴了"绿帽子"。在他指挥交响乐时，他想象出各种荒谬的方法来对付他的妻子，却发现要在现实生活中处决他们并非像他想象中那么容易。

甚至，你可能因此拉来投资和赞助。好的故事梗概有助于吸引合作人并能激发潜在观众的兴趣；能让朋友有兴趣帮助你；能让老板挤出宝贵的时间听你讲述；能打动被拍摄对象坐下来接受采访⋯⋯

此外，将你的故事提炼成一两句话，在你实施的时候就不会轻易跑偏。

最后再强调一下，短视频平台的竖屏展示效果，会使许多视频的呈现效果受到一定影响。为了更好地配合短视频平台的运营规则，在脚本策划阶段，就要考虑到竖屏呈现时，单一画面不可能出现太多任务这一现实。也就是说，仅有一个好故事还不够，还要考虑到观众在观看视频时的习惯。

列出你的镜头清单

有了拍摄脚本，你还要列出自己的镜头清单，也就是你希望在视频中出现的所有镜头清单。

一个镜头是指一个名词加上一个动词。例如，"男人求婚"是一个镜头，而"男人"则不是。

短视频制作"麻雀虽小，五脏俱全"，这牵扯到你的拍摄对象、剧本、摄制组成员等，因此不仅仅是你一个人的事，需要方方面面的人相互合作。要想做到井井有条，最简单的方法就是列出你的镜头清单。

比如，在为搞笑类短视频制订镜头清单时，要通篇采用名词加动词的方式，如"小明敲门""小静躲在沙发后面"……然后考虑用不同的角度进行拍摄。

对同一场景进行多次拍摄，每次拍摄一个不同的人物，或是从一个不同的角度进行拍摄，这种方法被称为"全方位拍摄"。

要不停地列清单，直到你才思枯竭，没有任何想法为止。如果你的清单过长，你需要做的就是从你的清单中选出你觉得真正好的那些项，这才是你的镜头清单。

选角与拍摄

当你大费周章，为一个视频短剧或小电影写剧本、选角、寻找拍摄地点，并组织一队人马来帮助你拍摄，那么你已经准备好按照专业人士的方法来进行拍摄了。

如何才能选取到一个适合的演员呢？首先要进行的是对短视频脚本中的人物形象加以理解，演员和角色的定位必须一致，颜值不应是最主要考虑的选项。

短视频的镜头需要遵循一个原则，那就是匹配原则。匹配原则是指：镜头中的人与物应上下统一，以保持观众在观看时的一致感。物品的拍摄应该保持空间的一致，这样在观看的时候才不会有出戏的感觉。在拍摄过程中，镜头与演员的视线也应该匹配，这样才能给观众带来沉浸感。

演员和摄制组成员在一次次重复拍摄相同的场景方面都是训练有素的。他们从技术层面上来保持场景的一致，比如使用相同的照明、道具和移动，但是在拍摄不同组的镜头时，演员们会特地表演得不一样。这样，在导演进行后期剪辑时，就能有极大的选择权。

要练习这一技巧，你可以把要拍摄的场景，从两个不同的角度拍摄两遍，然后把这些镜头剪辑在一起。

想要做一名合格的短视频制片人，除了要懂得内容策划、创意文案、热点营销，还要略懂视频剪辑，因为只有这样你才知道哪些是可以实现的视觉效果，以及将会付出的成本。

剪辑其实是一个二次创作的过程，你还要考虑到呈现给观众的是竖屏还是横屏，如何在极短时间内抓住观众的注意力，如何分配悬念，制造高潮。短视频的剪辑可以说是为短视频赋予不同调性的一个过程，不同的剪辑手法，可以将同样的素材讲出完全不同的感觉。

背景音乐的版权问题

为短视频加入背景音乐，是一种调节气氛、增强情感表达的常用手段。短视频背景音乐是依托于故事想要表达的内核而生的，恰当的短视频背景音乐会为视频加分不少，音乐往往与内容相辅相成、缺一不可。

然而，进行短视频营销，往往又是商业用途，一不小心就会造成侵权。

一首完整的音乐作品的版权包含四个部分：词、曲版权，录音版权，表演者权。如果我们用一首歌做原版原唱的时候，就需要同时拿到以上四种权益的授权。

在海外的 Youtube 视频平台，为了保护音乐版权，制订了一套规则：用机器对内容 ID 进行鉴定。它包含了视频 ID 和音频 ID 两种，分别具有比对音频和视频是否侵权进行鉴定和保护的功能。

这种鉴定方式会比对一段视频中的背景音乐，来判断是哪首歌及来自哪个版权公司。如果你的视频内容是原创的，但是背景音乐没有经过授权，那么你的作品也会被判定侵权，不属于原创。

那么，非商用的日常视频使用背景音乐是否算侵权？

这是一个存在争议的问题。我国合理使用制度见《著作权法》第二十四条的总则以及第（一）（二）规定：在下列情况下使用作品，可以不经著作权人许可，不向其支付报酬，但应当指明作者姓名或者名称、作品名称，并且不得影响该作品的正常使用，也不得不合理地损害著作权人的合法权益：

（一）为个人学习、研究或者欣赏，使用他人已经发表的作品；

（二）为介绍、评论某一作品或者说明某一问题，在作品中适当引用他人已经发表的作品。

此外，《著作权法》第二十四条总则以及第九项规定：免费表演已经发表的作品，该表演未向公众收取费用，也未向表演者支付报酬，且不以营利为目的，属于对作品的合理使用，可以不经著作权人许可，不向其支付报酬。但应当指明作者姓名或者名称、作品名称，并且不得侵犯著作权人依照本法享有的其他权利。也就是说，添加背景音乐以后的视频，公开发布等都是免费的，则不构成侵权。但如果有收费，或者以刊登收费广告等方式直接或者间接收取费用的，则属于侵权行为，需要承担侵犯知识产权的法律责任。

判断是否侵犯著作权，主要还在于使用场景。内容的非商用并不意味着可以随意使用网上下载的音乐，只要公司在未取得授权就将音乐进行剪辑并公开传播，都涉嫌侵犯了著作权。

熟悉你的剪辑软件

相对专业的编辑视频软件比如 Premiere Pro、Final Cut Pro 等，你至少应该熟悉一个。

你在计算机里，摆弄、尝试是不会弄坏它的。但是，在某些情况下，你有可能不小心删除或是改变了你正在编辑的视频。要防止这种情况的发生，使用"另存为"来为你的视频文件做一个备份，将其取名为"备份"。

然后，你就可以无所顾忌地修改这份文件。其实，这些软件都不是很难掌握，就其本质而言，剪辑软件和你计算机里的其他软件的工作原理是一样的：剪辑、复制和粘贴。

只需熟悉这些功能，慢慢地就可以熟练剪辑你的视频了。

你不需要优先掌握一些炫目的功能。先从最基础的东西开始，以后再慢慢熟悉诸如特效、字幕、变焦、慢放等锦上添花的功能。

实践、实践、再实践

　　戴恩·伯迪希海默因他的视频作品《烦人的橘子》而著名。

　　《烦人的橘子》（*The Annoying Orange*）是戴恩·伯迪希海默制作的一个网络动画连续剧，主角是各种会说话的水果和蔬菜。戴恩·伯迪希海默给它们安上了眼睛和嘴，让它们有了生命。

　　这个动画连续剧的男一号是一只橘子，它总是喜欢用搞笑和刻薄的双关语来骚扰厨房里的其他东西。

　　这个网络动画连续剧当年十分热门，据说在YouTube上的观看数已经超过了8亿次。

　　戴恩·伯迪希海默13岁那年，父母购买了8毫米的摄影机之后，他就开始制作视频了。他一直着迷于使用荒诞元素制作视频，比如讲述食物、时空之旅、外星人等。

　　戴恩·伯迪希海默喜欢将虚幻与科幻元素整合到现实世界中。观众喜欢看这些东西，他也喜欢取悦于观众。许多观众向他发来邮件，告诉他非常喜欢这些视频，并且有时会引述一些影片中的对白，没有什么比这更能鼓励创作者了。

戴恩·伯迪希海默逐渐开始引用电影的片段，并且逐渐了解到也有一部分人在引用他的视频后梦想成真了。促使他不断前进的，则是创造视频以及使人们愉悦的爱好驱使。

戴恩·伯迪希海默在《烦人的橘子》系列剧集中投入了非常多的精力，该视频系列做得非常成功，从而使该视频的成功不仅仅局限于互联网，也过渡到诸如电视或电影等媒体。

他还希望在将来的某段时间创建一部正片长度的影片，不过，他对目前的制作短视频的工作非常满意。这份工作需要一定的创造性，并且还拥有充分的自由。戴恩·伯迪希海默希望自己可以随着在线视频的发展而不断改变，这样，才有能力继续从事目前的工作。

戴恩·伯迪希海默认为，互联网是变幻莫测的。你有能力制作有史以来最优秀的视频，但是一旦你对其置之不理，它也可能马上会面临失败。关键在于模仿其他人做得好的内容——并且要做得更好，使你的影片脱颖而出。要善于运用旧观念，搞搞新意思。没有谁愿意看着一名穿着西装的家伙对着相机说话……但是，如果是对着橘子说话呢？

《烦人的橘子》在 Twittei 上收到很多人的追捧。另外，戴恩·伯迪希海默在 Facebook 上的有着庞大的粉丝群。戴恩·伯迪希海默也组建了团队，协助扩大《烦人的橘子》品牌，并且希望将其推向新的高度。

有许多人与戴恩·伯迪希海默联系，洽谈有关制作《烦人的橘子》玩具、iPhone 应用程序、广告以及其他扩展。发现《烦人的橘子》迅速蹿红后，玩具制造商 The Bridge Direct 公司立刻借着这股东风，开始生产"烦人的橘子"系列玩具。《烦人的橘子》的粉丝们能买到绒毛版的角色玩具，以及六个主要角色组成的套系。每个角色都带着一句招牌性的"烦人"语录。"烦人的橘子"系列玩具在玩具反斗城发售。

戴恩·伯迪希海默说：创造人物是一件很美妙的事情，人物的生命逐渐呈现在你的眼前，并且发展得比你越来越好。

戴恩·伯迪希海默对其他视频创作者的建议是：实践、实践、再实践！实践是学习的唯一方式。"授人以鱼，不如授人以渔"。许多有关在线视频的复杂细节的知识来自自身不断的失败和成功——只有这样，你才能清楚什么对自己是有用处的。如今，短视频营销仍处于一个媒介迭代的过程，只有不断实践，才能触摸到最强的时代脉搏，营销这个工作，反过来又会塑造短视频内容创作本身，祝大家不断取得进步。